詩寫美哉山水

楊拯華著

文 史 哲 詩 叢
文史哲出版社印行

國家圖書館出版品預行編目資料

詩寫美哉山水 / 楊拯華著 -- 初版. – 臺北
市：文史哲, 民 97.11
面 ： 公分. --（文史哲詩叢；86）
ISBN 978-957-549-814-6(平裝)

851.486 97019758

文史哲詩叢 86

詩寫美哉山水

著　　者：楊　拯　華
出 版 者：文史哲出版社
http:// www.lapen.com.tw
e-mail：lapen@ms74.hinet.net
登記證字號：行政院新聞局版臺業字五三三七號
發 行 人：彭　正　雄
發 行 所：文史哲出版社
印 刷 者：文史哲出版社
臺北市羅斯福路一段七十二巷四號
郵政劃撥帳號：一六一八〇一七五
電話886-2-23511028 · 傳真886-2-23965656

實價新臺幣三六〇元

中華民國九十七年（2008）十一月初版

ISBN 978-957-549-814-6

前言

指點江山，「遠遊無處不消魂」（宋・陸游），物華天寶，滿眼風光入畫來。大好江山如此迷人多嬌，名人勝跡如此令人心悸，歷史煙雲如此使人動容。能不激揚文字，梳理眼底風濤成詩句。詩句企（豈）能註解千里錦繡河山面目，企（豈）能傳神千古文化風景流韻。

神州浩蕩，名勝古跡多矣，三十五處世界自然文化遺產，四十四座世界級國家地質公園，四大叢林，六大名樓，六大古都……，北緯三十度線上，奇山奇水、奇樹奇石、奇跡奇景多矣。有生之年，有幸能到幾次？能遊幾處？

人生待足何時足？未老得閒始是閒。「人莫樂於閒，非無所事事之謂也。……閒則能遊名勝。……天下之樂，孰大於是。」（《幽夢影》）筆者退休後惟恐辜負大好「閒」時，忙於閒遊，閒寫閒遊詩，只合閒中看。

感謝妻燕娟不畏坐骨神經痛，一路相伴，助我自助閒遊。起居由我，久暫由我，山焉水焉，早焉晚焉，無可無不可。予我自主妙趣，方寸彌六合，契得山水之樂，豈止刻骨銘心感謝而已。

此拙著係筆者《詩寫錦繡江山》乙書系列的第二本。紀錄筆者九十三年（二〇〇四）七月至九十五年（二〇〇六）十一月間在大陸旅遊見聞及感懷。

二〇〇八年九月寫於桃園寓所

時齡六十二歲

詩寫美哉山水　目次

陝西（西安）名勝古蹟

南海普陀山／250

青城山前山

月城湖

松聲竹韻吟仙境
山色湖光映月城

現代　夏游

嫩綠　青綠
墨綠的山色裡
古樹　花草
雲霧的幽境裡
平湖水榭　畫意盎然

黃帝師傅
容成公隱居處

五代仙人
劉海蟾修煉處

綠峰映綠水
翠嵐沖煙出
臨空索道
盪去綠雲最高峰
彷彿寧封丈人的
龍蹻飛身術
重現人間

註：月城湖位於丈人峰和青龍崗之間。湖上方即旅遊索道的下站。宋・彭乘《五岳眞君殿記》：「赤城洞天，則龍蹻寧（封）先生所治也。先生嘗爲陶官，通神幽隱，或履蹈烈焰，隨煙上下。黃帝順風禮問，受《龍蹻經》，得御風雲術，遂封五岳丈人（統領五岳）。」

上清宮

非仙島莫非仙島
是人間不是人間
清　張星樓

訪得仙踪
俗骨如何脫換
長生如何學得
麻姑池水能洗髓（註一）
鴛鴦二井　盈虛消息（註二）
羽客早知玄機

「占青城第一峰
峰六六上清翠擁」（註三）
山下雲雨滿天時
山上卻星斗滿天（註四）
果然福地洞天

註一：上清宮老君殿和文武殿之間廊下有形如半月池水數尺，傳為麻姑浴丹處。有張大千題書。

註二：道德堂前有鴛鴦井，傳為五代前蜀時鑿。二井一方一圓，象徵男女，其源泉相通，但一清一濁，一深一淺，一溫一涼。

註三：道德經堂楹聯。青城山素以三十六峰著名。

註四：上清宮地勢高曠，氣候時與山下不同。宋·范成大〈上清宮〉詩：「但覺星辰垂地上，不知風雨滿人間。」

老君閣

絕頂望秋波　奔騰玉壘趨三峽
名山宏道德　管領清城第一峰
呼應亭楹聯

太上老君騎青牛
神行八卦狀爻中（註一）
「無為有為由他去
萬派爭流來足下」（註二）
大面橫陳　大野百里（註三）
群山向我來
秀如雲龍

老君人稱不老
培山培水　起閣起台
空山消世慮
萬象正恢飛動意

大道法自然
當為所當為

註一：老君閣新建，位於呼應亭舊址，高三十三公尺，共六層，下方上圓，層有八角，象徵天圓地方，太極八卦。老君騎牛銅像，通高十六公尺。

註二：張大千〈清城第一峰〉詩中句。

註三：大面爲青城三十六峰之一。隋·趙昱、唐·薛昌、宋·譙定等均曾在大面山中修道隱居。

朝陽洞

古洞親迎光照耀
蒼崖時有鳳來儀
近代　徐悲鴻

奇峰天外來
何處接青天
寧封丈人馭紫霞
洞中棲息

天遙紅日近
日射青如黛
知府樂此清幽福地
洞中參易

丹崖靈石髓
雲鋪白似錦

畫家拓開到此畫意
洞中寫意

洞藏絕壁　洞深莫測
天然勝迹

盤空古木垂
亘古煙霞縹緲

註：朝陽洞位於主峰老霄頂岩腳，以最早得朝陽故名。計有大小二洞，小洞僅容十餘人，大洞可容一二百人，傳爲上古寧封棲眞處。清光緒年間，四川按察使成都知府黃雲鵠稱頌此地，能移人情意，蕩滌穢濁，曾小住洞中參《易》。抗戰期間　蔣公曾來此暫住。著名美術家徐悲鴻先生曾爲古洞撰聯。

真武宮

石磴陰深盤曲道
琳宮孤峭入鴻濛
宮門楹聯

背靠軒轅峰
峰頂軒皇古台
黃帝設壇受道書
道通天地有形外
面對白雲溪
溪上訪寧橋
「何勞黃帝問
但到名山便是仙」（註）
峰前煙濛煙濃
遠近都是好景
溪旁樹影樹姿
高低都是幽意
峰煙溪樹
自有自然天機可尋
嫏嬛玲瓏
四合院式宮裡
自有清虛玄機可得

註：清・李世瑛楹聯句。
眞武宮又名祖師殿。唐・杜光庭、薛昌，宋・張愈均在此隱居。唐睿宗女兒玉眞公主及金仙公主也曾在此修道求仙。
馮玉祥將軍一九四五年住此，當年八月日寇無條件投降，將軍聞訊，不勝喜悅，在宮側建亭刻碑，名曰「聞勝亭」，此碑現移宮內祖師殿旁。

常道觀

經閣如新　從知道道非常道
山洞無恙　但視年年大有年

現代　黃炎培

其一

第五洞天
本是神仙福地
雲水山光　天雨花香
「始信青城不可唾」(註一)
一氣化三清
半成隱士半成仙
杏乳垂瓔
蒼古銀杏徵道性
筆點猶新
朱筆畫山成筆槽
劍痕尚在
劈石降魔威風
水潭洗心
滌俗革面方寸淨
天師奇逸
千載遺仙迹(註二)

註一：清·梁正麟楹聯句。
唐·杜甫〈丈人山〉：「自爲青城客，不唾青城地。」詩人唯恐褻瀆青城幽境，連咳嗽都忍住了。

註二：常道觀俗名天師洞，東漢張道陵傳道處。景點古迹衆多，計有：天師手植銀杏樹、擲筆槽、降魔石、洗心池等，皆與張天師有關。

其二

黃帝有古祠
天師有古洞
洞天從來多古意

天清　上清　太清妙旨
天籟嬰靈
赤子與通大道（註）
明德不遠
就在此第五名山

註一：常道觀三清大殿天井青石欄杆的石柱頂端，刻有一組天眞活潑的嬰兒石雕像，稱之爲：「天籟嬰靈」。《道德經》：「常德不離，復歸於嬰兒。」嬰兒的赤子之心，正是道家回返的天眞純樸境界。

天然圖畫坊

樹色萬里山四面
遊人都在圖畫中
明　盧光表〈遊青城〉

一路亭勢翼然
亭隨山出　亭留人影
三十六峰　翠微花蕊
天外飛來　松織翠浪
翠色洗青天

我愛道家道德經
貴在自然

亭停在天然圖畫裡
坊駐在鶴鷺飛影中
誰是遊人　誰是仙人

建福宮

累盡神仙端可致
心虛造化欲無功
近代　于右任

木影如龍　翠覆石梯
丈人峰矗立如墻
殿台昔日上至岩腹

正殿寧封真人塑像
黃帝問道真人
知其幾　觀其竅　湛然澄靜
至誠乃大道
長生術在勤
一殿和氣看山笑

「帝以會昌　神以建福」（註一）

帝王帝后
昔日由此遊青城
宮人衣服皆畫雲霞
飄然若仙（註二）

後殿三九四字長聯（註三）
卅六峰百八景
隱逸高士行傳

「凡處境無非夢境
不學仙也是真仙」（註四）

註一：古謠，宮名由來。
註二：前蜀王衍遊青城山事。王衍自作「甘州曲」，上下山谷自歌，而使宮人和之。
註三：清·李善濟撰。敘述幾十個青城山的人物和典故，允爲青城一絕。
註四：大殿楹聯。

青城山後山

白雲萬佛群洞

翠嶺穿游踪　破石升仙尋古洞
晴巒開望眼　撩雲拂霧入琳宮

現代　適園居士

洞前洞後
碧綠清泉響
雲內雲外
洞頂藤蔓舞
雲氣升虛壁
雲氣欲生衣
洞中僧人棲
身與白雲閑
閑了悟了

破石升天成道
佛台天生　僧堂地成
洞裡千佛萬佛
佛像佛事
雲洞通天地
清人心目
洞外千峰萬峰
連天連地
著意閑隨白雲出沒

白雲寺

青城三十六高峰
寺在青城第幾重
回眸雪嶺松雲住
滿天朝霞半夜鐘
明　楊升庵

時有白雲繚繞
翠壁連雲　石梯跨雲
樹梢橫雲　袖拂白雲
雲端峰頂似仙島
雲裡寺院似仙居
仙迹青城自古多

「玄之又玄天地闊
了猶未了自然觀」（註）
韋馱殿樓上茗茶
盈耳啁啾　雲中磬聲
壇開無垢
香火起祥煙
不是神仙也勝似神仙

註：聖母洞楹聯。

古泰安寺

梵宇重輝　鐸韻鐘聲傳味水
名山小憩　松風月色淨禪心
山門楹聯

五溪合流　五峰環聚
形如出水蓮花的古寺
銀杏樟楠　紅豆松楨
空翠四合的古寺
曹洞正宗　高僧輩出
始於唐　盛於明
「樓殿之壯　甲於東南」（註一）
寺門花坪老澤路（註二）
杜宇遺踪　味江香流（註三）
獻忠佚史　浩劫散似煙（註四）
古寺新容　再展遺風
佛法大如天
慈光普照大唐古領

註一：清．《灌縣鄉土志》載。

註二：見宋．《輿地紀勝》，灌縣通往大小金川必經的古驛道。

註三：《輿地紀勝》：「長平山在味江之上，有泰安寺。」傳說古蜀王杜宇在此將士人所獻米酒傾於味江中，與將士共飲。明末張獻忠亦在此犒勞將士，傾酒江中，滿河皆香。

註四：明末泰安寺僧了空和尚與蜀王殘部一起抵禦張獻忠部屬。張部得土人帶路，由通靈溝偷襲泰安寺獲勝。寺被焚，僧衆流散，了空和尚觸岩而死。

三龍水晶溶洞

九天閣

危岩建巍峨閣樓
既有恒山懸空寺的巧構
又有現代流水別墅的形勝

瀑布飛騰閣下
既像三龍吐水
又像銀河落九天

瀑布聲若瑤琴鼓瑟
樹色凌雲　層出新綠
騰空雙屐　一新耳目

四面山光接水光
回歸山水精神的愜意
銀河鵲橋漫步的仙意

溶洞

既觀洞景　又觀泉景
洞中溶洞水中水
洞中豈可言小
　莫能謂空

石笋　石幔　石花
迭瀑　飛泉　飛潭
水中鈣華乳石
想像成萬像

「世界沉浮留馬迹
　宇宙玄黃辨齒痕」（註）
洞中小三峽
西蜀第一洞

註：現代。笑禪撰，溶洞楹聯句。

蜀南竹海

眼裡有竹方君子
胸中無海不丈夫
　　墨溪門樓楹聯

竹海博物館

未出土時先有節
到凌雲處總虛心
　　前人　佚名

古往今來　以竹稱王
以竹稱姓　以竹名軒
以竹為禮　以竹寄興
以竹書懷　以竹自勉
史不絕書

竹林七賢　竹溪六逸
竹中高士　層出不窮
嵇中散　樂竹之形
柳子厚　陶竹之風
杜子美　悟竹之真
蘇東坡　戀竹之情
黃山谷　傳竹之神
鄭板橋　寫竹之靈
竹和文人畫家
不解之緣
竹和中華文化
獨有情緣
館中追溯
千載民族文化
館中展示
萬載竹類精神

墨溪

山谷揮毫　竹海千秋歌雅士
騷人擷翠　墨海十里鑄詩魂
門樓楹聯
時而慈竹林　楠竹林
時而竹欄　竹橋　竹亭
護映一溪青光
水無心而宛轉
「秀色醉吾矣」（註一）
水從陡崖飛瀉
山壁絹綢
水流岩壁濺玉
化成煙雨
水沫雨霧清涼

煙籠霧罩中
有青色石塊
狀若龍頭（註二）
山水有色而環圍
幽谷峻秀而不盡
林盡無人
但聞鳥呼應

註一：北宋詞人黃庭堅，謫居宜賓，漫遊竹海，遊至此處，揮毫在丹岩石壁寫下：「秀色醉吾矣！」隨手扔下的毛筆，染黑了墨溪的水。

註二：「煙雨龍岩」爲墨溪勝景。前人有詩贊道：「千丈絕壁掛飛瀑，萬尺深澗鎖蛟龍。」

忘憂谷

萬竿翠竹掃去滾滾紅塵
一溪清流奏出淳淳韶音
谷門楹聯

幽篁清冷
半點紅塵飛不到
清風落竹葉
閑看花笑
清泉叮咚
空山素琴靜心
一路跌宕
留下五疊瀑　珍珠瀑
流淌靈氣
心虛造化欲無功

何以解憂　惟有忘憂
「石破天驚」「九天滌慮」
苔鋪翠點　「天生橋」滑（註）
鳶飛戾天者
遊谷而息心
經綸事務者
窺谷而忘歸

註一：「天生橋」是一塊長五公尺，寬四公尺的巨石，兩邊連兩山根，水流橋下，砂岩天然形成。
「九天滌慮」是谷中最高處的大字石刻。
「石破天驚」在天生橋往上十多公尺處，一塊巨石上刻字。巨石中裂爲二，有如刀劈，縫隙中，幾株楠竹，巍然屹立。

翡翠長廊

紅霞鋪墊　玉柱框廓
炎陽無炎　狂風不狂
現代　佚名

紅色砂石鋪成的
地毯式的路面
色如渥丹　爛若明霞
綠色屏風般的楠竹
嬌翠欲滴　綠色瀑布

路面時起時伏
修竹爭向內傾
綠光閃爍　翠色可餐
清涼的世界
不可抗拒的翠意
蜀南竹海天下翠

觀海樓

萬傾波濤竹海湧
千年茂林曲徑幽
現代　張愛萍

竹林林成海
竹海此處最浩瀚
風起　綠浪澎湃
風止　千里綠煙

萬嶺綠透
大塊原色　從容舒展
積翠凌空面面來
壯哉　竹波連天
竹海歸來不看竹

天寶寨

洞門開鑿自何年
深谷高陵幾變遷
　　明　周永隆

上為懸空絕壁
下為千仞峭壁
丹霞古穴　天然岩龕
翠竹四圍　天然屏障
紅色砂岩　耀目輝煌
三十六計
且作壁上觀
古棧道上
且走且生迷離古意

十三道寨門
天險固堡
黃傘石　猶危而未墜
掛榜岩　岩字岩畫
　　依然費解

註：天寶寨爲清咸豐年間，地方官府抵禦石達開太平軍，依懸崖天然洞穴之勢而建。民國年間地方豪紳爲避盜匪，曾居於此。從西面入寨要途經十三道寨門，可謂一夫當關，萬夫莫敵。一九九七年在洞中雕鑿「三十六計」巨幅畫圖。

仙寓洞

仙寓之山高插天
上有石洞懸其巔
一徑盤空絕人迹
只許猿鶴時蹁躚
清　沈毓新

石竅玲瓏
天際出懸岩
混沌何時鑿破
神仙何處飛來

「迎仙台」三字
字迹如迎風翠竹
瀟灑流暢
「修真安樂是蓬萊」
道士出上聯索對下聯

赤壁丹霞　碧水丹山
洞天福地藏天趣
可以淨根尋清虛
臥佛安祥　觀音慈祥
可以向心朝佛出迷津
誰是仙　誰是佛
超然物外
既是仙　既是佛

註：仙寓洞東山門至和尚殿爲佛教區。南山門至老君殿爲道教區。

仙女湖

層層碧海映蒼穹
玉峰青山竹更幽
前人　佚名

四面碧波蕩漾
竹筏過後水生風
漫連四面翠竹

四面蛙鳴如彈琴
來問仙女事
綠煙四面詩意濃
不似人間景

湖心深處有仙女（註）
栽翠繡綠
編織綠波接九天的

瑤箐仙子
正臨波嬉水

註：湖中塑有瑤箐仙子像。相傳竹海是由仙子播撒翡翠，揮七星蚊帚，舞白絲絹，辛苦地將荒山野嶺，變成一塊美麗的碧玉。

宜賓五糧液酒廠

酒香

雨過開瓶十里香
瓊漿玉液透瓶香
引自《中國酒經》

風中的酒香
就能醉人

「酒氣沖天
飛鳥聞香化鳳
糟粕落地
遊魚得味成龍」（註）

溢出的香　聞出的香
品出的香　留住的香
酒中四香最誘人

香露入口　珍珠下喉
如何才能留住
這醉人的天香

註：引自《中國酒經》，上海文化出版社。

五糧液

太白若飲五糧液
唐詩定添三百章
引自《中國酒經》

唐代稱重碧酒
太白詩篇　何以未見
北宋稱荔枝綠
山谷流杯池中
應有此物（註）
明清稱雜糧酒
五穀精華
老窖陳年風味
噴香濃郁　清冽甘爽
醇甜軟綿　回味悠長
古老名酒　神妙神酒

註：流杯池位於四川宜賓江北公園內，是北宋詞人黃庭堅（號山谷道人）謫居宜賓時，取王羲之〈蘭庭集序〉中，「曲水流觴」之義所建。

酒文化博物館

千顆明珠一甕收
君王到此也低頭
清　石達開

水的外形　火的性格
天地人酒
人與酒共春秋
美酒敬親人
無酒不成禮
煮酒論英雄
酒—友誼之橋
酒講究諧調美
長年陳熟　精心勾兌
體現中庸的精神

酒要求柔性美
細膩幽雅　韻味深長
呈現仕女式的審美觀念
酒結合詩樂美
是液體的詩歌
流淌的舞蹈
以酒為真　集雅為醇
「斗酒縱橫天下事
名山風雨百年心」（註）

註：清·譚嗣同詩句。

南京風華

明朝城垣

人窮其謀
地盡其險
天造地設
前人　佚名

據崗壟之脊
控江湖之勢
多邊自然葫蘆型
融山水城林為一體
達築城之巔峰
花崗石為基
鋪石為道　巨磚為墻

每磚均有銘文
漿固明城
古磚歛歛語
六百年不休

註：明代南京城自裡而外，有宮城、皇城、京城、外郭四重城垣。俗稱的南京城墻，則指南京京城。
城垣自公元一三六六年起興建，歷時二十一年，動用二十萬匠戶，化費黃金六百萬兩。不循傳統建築中的方位對模式，因地制宜，負山繞水。城磚是由糯米、石灰、桐油、蓼草等熬成的極黏的砌漿黏合。全長達三三·六七六公里，內城門十三座，外城門十一座，水關二座，涵閘數座，窩棚二佰座，垛口一三六一六個。是世上第一、最大最長的城墻。至今尚有三分之二保存完好。

中華門城堡

圈界甕城為陣地
藏兵穹洞作營盤
現代　吳植〈中華門堡〉

城墻　拱門　馬道
鏑樓　甕城（註）
南京古城垣的大觀
世界古城堡的大成

二十七個藏兵洞
藏兵三千不見影
千斤閘　迅速落下
兩扇木門　即刻關閉
恰似甕中捉鱉
古代軍事建築的魅力
震撼人心的精巧神功

城堡彈孔累累
洪秀全炮轟過
辛亥革命軍和清軍
門前殊死博鬥過
日寇戰機轟炸過
兵家必爭的城門

註：甕城是指城門除裝有木製；外包鐵皮的兩扇大門。均另外設有可從城頭上放下的千斤閘。

江南第二泉

第二泉無形無著
雨花茶有色有香
二泉茶社楹聯

雨花泉烹雨花茶
茶香水甘
雨花石浸雨花泉
石美水清

陸游評泉　江南第二
劉水評石　國色天姿

二泉茶社閑坐
漫想寺院舊貌
水聲在耳　樹影婆娑
石徑漫蘊天工雨花影

註：江南第二泉位於雨花台東岡之上，原名雨花泉，泉眼二孔。該處原有晉時建的永寧寺，泉在寺內，又稱永寧泉。永寧寺舊址處現建有二泉茶社。

岡上小徑皆鋪雨花石，惟雨花石宜在清泉中觀賞，方更見神采。

劉水先生是南京雨花石文化研究所所長。

雨花閣

說法高僧靜不嘩
繽紛天上雨奇葩

現代　佚名

高僧此處講經
天女此處散花
天花紛紛墮落
塵緣雖已絕踪
猶作斑爛雨花石
到此遠眺　宜留行踪
莫辜負　青山殷勤照面
禪機閣裡藏
禪風閣外吹
天光雲彩
何處不可
以種種方便
說微妙法

註：南宋・王象之《輿地紀勝》：「舊傳梁武帝時，有雲光法師講經於此，感天賜花。」《維摩經・問疾品》：「會中有一天女，以天花散落諸菩薩，悉皆墮落，至大弟子，便著不墜。天女曰：『結習未盡，故花著身』。」

雨花閣位於雨花台風景區東崗上，是一座三層四重檐八角形的仿明清古典園林式建築，一九九七年竣工，閣內有雲光法師講經塑像。「雨花說法」是明清時代金陵四十八景之一。

雨花石博物館

摩挲五色光
遐想文字祖
清　孔尚任〈六合子〉

石小靈氣大
燦若明霞　瑩潤如酥
五色花紋纏護
「不是寶石勝似寶石
不是文物勝似文物
不是藝術品勝似藝術品」（註）
石中見神奇
館中多情趣

註：現代·劉水先生語。

晚晴樓—秦淮八絕小吃

殿閣相輝鄰孔廟
亭林掩映傍秦淮
現代　吳植〈晚晴樓〉

小吃好吃
一濕一乾　搭配著吃
每道都是
色香味形俱全
每道都有一段動人的
歷史典故
都有道吉祥口采
好吃吃小　小食就好
養生在節食

棲霞山

棲山觀自在
霞水樂長安
現代 沈鵬

隋塔唐碑 江南雲崗
一座棲霞山
半部金陵史

一山楓葉紅如火
掩映古刹新貌
紅紫燦如花

「金陵第一明秀山」(註一)
紗帽山奇趣猶在
保貞庵前桃花澗(註二)
當年香君

赤足踏澗石
水聲激激風吹衣

註一：乾隆遊山時贊語。
註二：明末愛國名妓李香君，《桃花扇》寫她歸隱棲霞山保貞庵。現山中建有桃花扇亭，亭如折扇。紗帽山左側有香君墓。

棲霞寺

獅子窟中無異獸
象王行處絕狐踪
方丈室楹聯

毗盧遮那佛
金光閃爍
光明遍照　遍一切處
寶殿卓爾排雲
無量金容　宛如聚日
四大叢林的地位
江南三論宗的祖庭

南朝五百十五尊
石龕佛像
本來面目為何
石匠已立地成佛（註）

六朝山景可是眼前景
山門前　梁武帝栽的古松
蒼勁盤曲如龍

註：棲霞寺後舍利塔東邊，有江南雲崗之稱的「千佛岩」。佛像風化剝蝕嚴重，有些僅用水泥塗繕，石刻風采神韻盡失。千佛岩計有二百九十四個佛龕，最後一個是石匠王壽的雕像，一手握錘，一手執鑿，神態憨厚樸實。相傳這最後一尊佛像屢鑿不成，限期將至，爲免其他石匠遭誤時之禍，王壽遂奮身跳進石龕化身爲像，立地成佛，此處亦稱石匠殿。

掃葉樓

樓留掃葉懷高節
地號蟠龍起壯圖
龔賢記念館楹聯

掃葉助閑身
身著僧衣掃落葉
掃葉自有清涼意
半畝園地
自足種菜種花

樓名似寄遺老故國情
樓開萬里眼眸
揮灑青天作紙
書成大塊文章

「好景好書好畫
千秋翰墨永流芳」（註）

註：掃葉樓門樓楹聯
掃葉樓位於南京市城西清涼山公園大門西側半山上。明末清初「金陵八家」之首龔賢的故居。「清涼掃葉」金陵新四十景之一，樓中尚存一幀掃葉老人像，傳爲龔賢的自畫像。

清涼寺

清涼問佛　掃除情結
清涼台上　何處人間
心外無法　滿目青山
禪宗法眼宗發祥地

清涼環翠　清涼勝境
南唐避暑離宮
江寧舊事
煙雲難留鴻爪

還陽古井深鎖
滿地積蔭
風聲飛落葉

註：清涼寺舊址位於清涼山公園內。

玄武湖

峰巒倒影隨波漾
城堞橫屏逐埂開
現代　吳植〈玄武湖〉

一面城墻三面水
水面飄浮五綠洲
洲中間也有水
水又有水環

雪松如蓋　翠竹如洗
花樹清雅幽靜
垂柳煙雲　六朝如夢
鍾山千雲非一狀

杭州莫美於西湖
南京莫美於玄武湖

雞鳴寺

雞籠山下　帝子台地　振起景陽樓故址
玄武湖邊　胭脂古井　依然同泰寺舊觀
景陽樓楹聯

觀音面朝北而望
問菩薩何以倒坐
嘆眾生不肯回頭

十六尊藥師佛
會聚一塔
拔除眾生一切痛苦

山景曠觀　群峰拱挹
雲樹煙嵐蓊郁
雞鳴春曉　若寄太虛

曾是金陵首剎
胭脂井在斯
可不戒乎

註：雞鳴寺三國時屬吳國後苑之地，南朝梁武帝蕭衍於普通八年（五二七）在雞鳴埭興建同泰寺。天竺高僧達摩從印度來建康時，曾居寺中。梁武帝曾先後四次舍身到同泰寺爲僧。「侯景之亂」，梁武帝餓死台城後，同泰寺荒蕪多年，遲至明洪武二十年（一三八七）始拓展擴建，並題額爲雞鳴寺。後毀於太平天國戰火，同治年間重修，惟規模較小。同治六年（一八六七）建「觀音樓」（內供奉一尊面朝北而望的倒坐觀音像）。光緒二十年（一八九四）張之洞將殿後經堂改建爲「豁蒙樓」，以紀念其好友楊銳（戊戌變法殉難的六君子之一）。民國三年又陸續增建景陽樓（樓下山麓有著名的胭脂井－辱井）、藥師佛塔等。

煦園

天國天王城府　壯麗十年
曾顯赫神州大地
總督總統衙門　曇花一現
終樹立革命政權
　太平天國陳列館楹聯
明朝的彩色獅子裝飾
太平天國的彩繪木雕獅子
鳴禽得意　園中忘飛
鴛鴦比翼
一亭還是二亭
池水如瓶
天下太平乎
花樹相映
樓榭相望而已
英雄一一去
豪華散盡
百年風雲　宛然在目

註：煦園原爲明初漢王朱文煦的花園，清朝改爲兩江總督署衙門，太平天國時則作洪秀全天王府的西花園。國父孫中山先生擔任臨時大總統時，曾在園內「漪瀾閣」內辦公。園內著名景點，計有：「漪瀾閣」、「不繫舟石舫」、「忘飛閣」、「鴛鴦亭」、「太瓶湖」等。

江南貢院

其一

濟濟多士　俯伏低徊
考生百態得一覽
簾分內外　群囂盡息
一絲間隙不滴水
形同監獄般耐熬

志士彈冠而起
英才發軔而前
多少貢鄉舉子夢
一生期許飛翔鸞鳳天
　變化魚龍池
只盼能被魁星點鬥（註）

註：魁星主文運，點鬥意即點中了的學子。

其二

比火柴盒還小的
石印微刻奇書
老鼠胡鬚做筆寫的
直徑十公分夾帶

每頁逾千字
字仿宋體　小如蟻頭
一筆一畫　清晰可讀

作弊文物　講究至極
陳列成特色珍藏

夫子廟

一帶秦淮河洗盡前朝污泥濁水
千年夫子廟輝兼歷代古貌新姿

現代 吳植

中土最大的照壁
壁上金龍舞爪
壁上六朝金粉富貴氣
中土最大的紙本夫子像
像上神態動人心容
像上表現吳道子原作的神態
明德堂是文天祥留下的題額
室內演奏的是古韶樂
尊經閣前
石榴 梨樹 槐樹

樹齡數百年
年年仍結果
年年廟裡燈會彩光
光照萬人容顏(註一)
夜夜泮池 槳聲燈光(註二)
豔麗迷離 如夢如幻

註一：南京人云：「不到夫子廟看燈會，等於沒過春節。」
註二：泮池又名月牙池、硯池。利用天然河道整修爲池，明月之夜，泛舟其上，樂曲悠揚，令人陶醉。
夫子廟位於秦淮河畔，古稱東南第一學，古貌新容，已成爲南京對外的「窗口」，江蘇旅遊的「龍頭」。

烏衣巷

野花野草
在劉禹錫詩中（註一）
重樓銅雀
在謝安眼中（註二）
巷口夕陽
斜掛在文德橋紅燈籠上
王謝堂前
只有泥土散發金陵王氣（註三）

尋常巷陌
其地其名其境
漫漶六朝歷史
如此興亡　如此滄桑

承載金陵文化
如此抒情　如此璀璨

註一：唐·劉禹錫〈烏衣巷〉：「朱雀橋邊野草花，烏衣巷口夕陽斜。舊時王謝堂前燕，飛入尋常百姓家。」

註二：烏衣巷是東吳孫權戍守石頭城禁衛軍營所在地，士兵皆著烏色軍衣，故名。當在剪子巷至武定橋一帶，具體地點已無考。今日烏衣巷僅係古時遺存的一部份。朱雀橋是秦淮河上浮橋，東晉太元三年（三七八）謝安置重樓及二銅雀於橋上，以朱雀觀名之。

註三：隋平陳後，爲掃除金陵的「王氣」，下令將「建康城邑，並平蕩耕墾。」唐代繼續推行隋代抑低金陵的方針，「昔日之通都，今日之小邑。」烏衣巷早已「冠蓋散爲煙霧盡，金輿玉座成寒灰。」

王謝古居紀念館

因隨燕影追唐風
便拂春光溯晉風
來燕堂楹聯

青磚小瓦馬頭墻
回廊掛落花格窗
古樸典雅　溢彩流光
魏晉遺風

「史家何必嗤六朝
文物自堪詫千古」（註一）

「來燕堂」前燕歸來
堂匾王謝大宅風範（註二）
「聽箏堂」裡高山流水響（註三）
王謝大家風度

春雲浮動　流水有聲
又起六朝煙雨

註一：聽箏堂楹聯。
註二：堂匾係現代沙曼翁書寫，以隸書體雜漢簡，筆鋒遒勁有力。
註三：聽箏堂爲模擬建築。當年東晉孝武帝司馬曜臨幸謝宅，在此堂中聽謝安彈奏古箏。

李香君故居

遺迹翻新復舊光
紅樓一角出垂楊
桃花顏色英雄淚
血染風流話李香

現代　陳碧茵

蘭有國香　人服媚之
三百年滄桑
不沒風流貌
精巧的河房式小紅樓
花容兼玉質
柔情兼俠骨
豔如華的
扇血點染桃花
樓上如臨其境
如見其人
重問名姝
知否
伊的骨氣
氣壯山河

瞻園

疊疊奇石盡含千古秀
池池碧水猶藏萬年春
　　　　瞻園楹聯

疊太湖石　疊出
淡冶如笑的春山
蒼翠如滴的夏山
明淨如妝的秋山
慘淡如睡的冬山

豎花石綱遺物
豎成仙人峰
石面鱗鱗作靨
豎成倚雲峰
朵朵白雲相偎

「圖畫來從門洞裡
山川盡在掌心中」（註）
南京假山園
金陵第一園

註：瞻園楹聯。

瞻園原是明徐達王府的西花園。清·乾隆皇帝取「瞻望玉堂」意定名，並作爲行宮。太平天國時爲東王楊秀清王府，現闢爲太平天國博物館。

園內以疊石取勝。與上海豫園、無錫寄暢園、蘇州拙政園及留園，並稱江南五大名園。

又「仙人峰」在園內「海棠院」中，「倚雲峰」在園內「桂花院」中。

明孝陵

石馬嘶風翁仲立
猶疑子夜點朝班
前人 佚名

植松十萬株
馴鹿數千頭
紫氣蒸騰

四十六位嬪妃殉葬
十三個城門同時出殯

孫權也是好漢
神道刻意彎曲取道

絕世碑材 原地未動
「碑如長劍青天倚

十萬駱駝拉不起」(註一)

古木蔥蘢 濃蔭蔽日
獨龍阜
盜墓者沒興趣(註二)

註一:清·袁枚詩句。
碑材位於南京近郊湯山鎮陽山上,爲明成祖爲其父太祖建神功聖德碑所鑿,可能因無法運輸而作罷。碑座、碑身、碑額三塊合起來,高七十八公尺,重三一·六七噸,現已列爲「金陵新四十景」之一,堪稱天下第一碑材。

註二:明孝陵(位於獨龍阜)陵寢,未遭盜墓,可能因朱元璋出身貧農,沒有奢侈品陪葬有關。

梅花山

憶古都六代豪華花落去
思今邑三春美景燕歸來
博愛閣楹聯

二頃瑤林　萬株玉簇
素蝶飛舞　絳英開顏
幽香驅盡穢氣(註一)
癯仙「不受塵埃半點侵」(註二)
沒有任何痕跡
孫權墓　僅留其名
山巔壯麗　「博愛閣」(註三)
偉人思想　證諸天心

註一：民國三十三年十一月十一日漢奸汪精衛死於日本，屍體運回南京，葬於梅花山陵。墓仿中山陵設計，規模宏大，耗資驚人（五十四萬僞幣），陵墓尚未完工，抗戰便已勝利。民國三十五年一月，國民政府孫科先生下令將其炸毀。

註二：北宋·王淇〈梅花〉詩中句。癯仙，指梅花。

註三：「博愛閣」三字選自　國父手迹。閣於一九九三年新建。

中山陵

享堂浩氣長存在
墓室靈光永煒煌
現代 吳植〈中山陵〉

彷彿一口碩大的
自由鐘
近代中國的
第一陵
南京最美的
梧桐樹行道

翹首不見平台
俯瞰不見階梯
台階設計 別具匠心

「博」大精深 「愛」民救國
堯舜「天下為公」的氣度
「天地正氣」 「浩氣長存」
青天白日 永照神州

註：「 」中是 國父手跡字句。依序分別鐫刻於中山陵的牌坊、陵門、祭堂、墓室。

靈谷寺

窈窕入靈谷
蒼茫度深松
斜陽倒影不到地
著眼一片秋煙濃
清　王友亮

諸佛慈祐生「靈」
如呼「谷」谷應
諸眾生靈空其心
寥廓如無主

諸多靈氣靈蹟
未因地讓孝陵而消失（註）
諸多大師紀念堂
玄奘大師紀念堂
鑑真大和尚坐像

寶志禪師應化真身道場
寺前無樑殿
寺後靈谷塔
先烈浩氣　英傑正氣
時清「靈谷深松」送爽氣

註：靈谷寺原名開善寺，南朝梁武帝蕭衍爲其師傅高僧寶志法師所建。唐代改稱寶公寺，明初稱蔣山寺。朱元璋爲建陵園，遷至現址，昔日可容千僧，太祖賜名「靈谷寺」，親書「第一禪林」。後毀於兵災，現有寺廟係清代龍王殿改建。明代建築僅留無樑（量）殿（現亦改爲國民革命北伐陣亡將士紀念堂，暨辛亥革命臘像館）。靈谷塔建於三〇年代，原名國民革命陣亡將士紀念塔。寺四周松木參天，「靈谷深松」，古稱金陵四十八景之一，現爲寺廟及民國墓葬文化勝地。

譚延闓墓

鳳翩鷹揚一代羽儀尊上國
龍蟠虎踞千秋陵墓傍中山
牌坊柱聯

佔半邊靈谷風光
深松入綠天
松風不絕　泉聲不斷
恃龍池八功德水（註）
雖只剩下一壁井欄
曾涵絲竹聲
煙霞氣
一代風雲人物
長眠靈地勝境
不覺松籟泉韻喧嘩

註：譚延闓（一八七六－一九三〇）曾任國民政府主席、行政院院長。
譚延闓墓在靈谷寺東北，墓址在昔日八功德水「曲水流觴」處。八功德水原在鍾山道卿岩下；紫霞洞附近的悟眞庵後。其水有一清、二冷、三香、四柔、五甘、六淨、七不饐、八蠲痾，八種功德。自南朝梁以來，例供御用。寺僧以竹爲渠，引水入寺，迂回九曲，名曰「竹遞泉」。宋·曾極有詩贊云：「數斛供廚替八珍，穿松漱石瑩心神。中涵百衲煙霞氣，不染齊梁歌舞塵。」修建譚延闓墓時，特在其墓入口處建龍池，圍以石欄，保留八功德水。

午朝門公園

一代規模成往跡
千秋興廢逐流波
清　康熙皇帝〈懷古〉

六百年的風風雨雨
宮闕無一存者
碩大的石柱礎
　石卷門
斷裂的青石丹墀
殘存的精美石雕
依稀當年氣魄
巨石鋪就的御道
車輪碾出的
深深印跡

當年鑾駕進出
翠華搖搖的
那般威儀
內五龍橋　水碧風清
故宮黍離　那堪重提

註：午朝門公園又稱明故宮遺址公園。

莫愁湖

粉黛江山　留得半湖煙雨
王侯事業　都如一局棋枰
清　梅啓照

一片湖光
可比西子湖
湖屬盧家
「盧家少婦鬱金香」（註一）
湖上煙雨曾領略
河中之水歌的故事（註二）
一段佳話傳誦勝棋樓
湖屬徐達
「鍾阜開基　石城對弈」（註三）
棋枰上黑白分明
猶有當年英雄氣
到此莫愁
棹歌繼唱　題詠絡繹
水色縈回雲天外
莫愁女香魂未散

註一：唐．沈佺期〈古意〉

註二：南朝梁武帝蕭衍作。詩歌中反映莫愁女的故事。相傳洛陽貧女莫愁，賣身葬父，遠嫁富豪盧姓人家，後夫婿爲國捐軀，莫愁持家育兒，並將對丈夫的感情和懷念全奉獻給貧窮人家，她的行爲不爲公公諒解，乃投河自盡，後人爲懷念她，乃將此湖稱莫愁湖。

註三：勝棋樓楹聯。據說朱元璋爲測出徐達圍棋造詣，答應他若贏棋，便將莫愁湖送給他。朱元璋雖贏棋，但棋盤上竟然排出「萬歲」兩字。朱元璋欽佩徐達的才思敏捷，特將樓命名爲「得勝樓」。

吳敬梓故居

一史繪儒林
燃犀燭九陰
謝除脂粉態
活躍斗筲心

現代　郭沫若

水石盆景　清麗可人
「文木亭」旁鳳尾竹
叢叢碧色　親昵交會
先生塑像　儀態安祥
「有瑰意與琦行
　無捷徑以窘步」(註一)
先生豪縱
不保千全產
先生縱情
不應人推薦(註二)
古渡石坊與屋齊
清如瘦竹　座是春風
月夜暖足　奮筆諷刺(註三)
貶俗傳真一部書

註一：吳敬梓詩句。
註二：吳敬梓三十六歲時，安徽巡撫趙國麟賞其才學，推薦應朝廷博學鴻詞科試，先生以病拒絕應試。
註三：當年吳敬梓居住秦淮水亭時，經濟拮据。嚴冬無炭取暖，他就邀五六知己，乘月色出城，繞城堞步行數十里，歌吟呼嘯，至天亮時分，入水西門大笑散去，謂之「暖足」。

古桃葉渡

楫搖秦代水
枝帶晉時風
清 紀映淮〈桃葉渡〉

桃葉渡前歌不絕
六朝勝迹 一片水影
東晉樂府桃葉渡
依舊盛傳的
一則愛情典故

桃渡臨流
水曾照絕色
渡存依舊 一座石坊
倒映水中的
曲折護欄
一絲古意橫生

註：渡口是東晉書法家王獻之（王羲之第七子）迎送其愛妾桃葉的地點。〈桃葉歌〉是東晉樂府（清商曲辭·吳聲歌曲）中一個曲調。王獻之作有歌曲三首，其中二首，第一首：「桃葉復桃葉，渡江不用楫。但渡無所苦，我自迎接汝。」這首以王獻之的口吻抒寫王獻之對桃葉的愛戀。第二首：「桃葉映紅花，無風自婀娜。春花映何限，感郎獨采我。」這首以桃葉的口吻抒寫桃葉對王獻之愛戀她的感激之情。

石頭城

閱盡興亡形勝在
依稀虎踞壯南京
現代　吳植〈石頭城〉

金陵地名源於此
南京城墻始於此
此地最有旺盛的王氣(註一)

石頭虎踞
曾怒視大江
連雲檣櫓
曾遠航夷州(註二)

六朝繁華勝迹
雖已過眼成墟
十代風雲人物
雖已消磨殆盡
此地仍有獨特剛烈的石景(註三)

註一：石頭城位於石頭山上（今稱清涼山），西元前三三三年，楚威王滅越後，在此築城。傳說楚威王曾在獅子山以北的「龍灣」埋過黃金，以鎮「王氣」，故稱「金陵」。

註二：西元二三〇年東吳孫權派將率兵萬人，由此出發航行至夷州（今台灣）。

註三：石頭城西城墻有一塊礫岩，經風化蕩摩而成稀奇的鬼臉形山石。突凸城壁，下有一池，俗稱「鬼臉倒影湯池」。

鍾山

鍾山如龍獨西上
谷破巨浪乘長風
明　高啓

山氣時有紫色
氣象萬千
時有六朝古遠黛色橫
山勢盡與大江流
勢如龍蟠
盡與英雄生前生後會
鍾山氣勢　有雄有秀
泉甘洞奇
晴雲非一狀

江南第一大彌勒佛銅像（註）
笑口大開
今古真是戲
興廢到底成何事

註：佛像位於鍾山頭陀嶺。

獅子山閱江樓

吳楚名樓今則四
水天明月古來雙
　　閱江樓楹聯

其一

水包城　城擁山　山托樓
登樓暢覽
北望可閱江
江如蛟龍
東去欲探海

登樓閱世
六代舊江山
紫峰千年瑞氣
眼空萬里　天高雲淡

其二

兩記呼樓六百年
漢白玉碑　神州第一
大門石獅　華夏稱最
中土最大的瓷畫
皇家氣象的樓

百獅紅木桌椅
香樟盤龍藻井
古金陵全景金線圖
黃金金箔幾十公斤
金光燦爛的樓

註：朱元璋曾於此處親撰〈閱江樓記〉，眾大臣亦各寫一篇。以大學士宋濂撰寫的最佳，被選入《古文觀止》。惟六百年來，有記並無樓，西元二〇〇一年閱江樓始落成。

靜海寺

古寺滄桑

長江湧浪匯晚清痛史
靜海鳴鐘揚中華豪情
靜海寺楹聯

集榮辱於一身
近代歷史　茲為起點
史料陳列　可稽可鑒
起點也是終點
時世迭遷　風煙遺跡
聞鐘以顧　當奮當興

註：明·鄭和曾居此。一八四二年英軍犯南京，清政府與英軍在寺內議約四次。現闢爲「南京條約史料陳列館」，並新鑄警世鐘。

三宿岩

昔日湧江濤　岩下落征帆
今日列僧盧　岩下丟松杉
清　吳敬梓〈三宿岩〉

見證古寺變遷
很像獅頭　身在寺外
岩下仙人洞
很像醒獅　張口怒吼
很像一座真假山
水石尚留三宿影
偉哉虞公
南宋一人　千古一人

註：岩係獅石山餘脈，怪石嶙峋，洞壑幽深。南宋中書舍人虞允文在采石磯以一萬八仟人大敗金兵四十萬，還朝途中，在此繫舟三宿。

天妃宮碑

雕題卉服皆天氓
梯航萬國悉來庭
　　天妃宮碑詩句

碑文清晰可讀
猶作萬濤聲
滔浪鯨吼　際天而行
宣德化而柔遠人

雄矣鄭公寶船
帆若垂天之雲
中積一年糧
海不揚波　千帆穩渡
護國庇民妙靈臨應弘仁普渡天妃
默加佑持

註：天妃即媽祖，碑文係明成祖親撰。

侵華日軍南京大屠殺遇難同胞紀念館

抵抗的力量源於
永不屈服的精神
　　紀念館警句

萬人坑
遇難者遺骨現場
白骨纍纍　歷歷眼前
豈止怵目驚心
豈止令人髮指

悲傷　憤怒
控訴　驚醒

國家一定要強盛
歷史才不會重演

鼓浪嶼勝景

日光岩寺

屋前窗窺陵海宇
寺前門對隔江樓
清 黃日紀

最先沐浴朝陽（註一）
石洞一片瓦（註二）
大雄殿　彌陀殿
對合而設
石影綠叢中
盡現鷺江秀色
入寺善入音色海
仰高僧百丈宗風（註三）
日光垂照三千界
出寺登山
且尋延平郡王
遺壘故址

註一：每天凌晨，朝陽從廈門五老峯後升起，日光寺最先沐浴在陽光，故得名。

註二：日光寺原稱蓮花庵，小巧精緻，建在巨石之下，巨大的石洞作爲寺宇的一部份，故有人俗稱蓮花庵爲一片瓦。

註三：民國二十五年（一九三六），一代高僧弘一大師曾就日光寺東廂樓房閉關養靜。大師親爲樓房題匾，稱「日光別院」，現建爲「弘一大師紀念堂」。

日光岩

心存雙手補天工
八閩屯兵古今同
當年故壘依然在
日光岩下憶英雄

現代　蔡廷鍇

鼓浪洞天　鷺江第一
龍虎守江　與日爭光（註一）
遠勝扶桑日光山（註二）

層岩百尺插天
只聽天風吹
一覽海天空

御風直上英雄島
琴思鳥鳴　流音怡韻（註三）

三百年前水操台
　龍頭寨
依然可尋

英雄縱橫一代
出沒海濤幾萬里
英靈長照波光

註一：日光岩又稱龍頭山，與廈門的虎頭山隔海相望，一龍一虎把守廈門港，稱「龍虎守江」。

註二：相傳日光寺裡一名居士；有一夜忽見日光岩的樹木、石頭一起發光，所以又稱晃岩。又傳說鄭成功來到晃岩，發現景色勝於日本的日光山，便把「晃」字拆開，成了日光岩。

註三：英雄山位於日光岩後，有纜車相通，山上建有琴園（百鳥園）。

菽莊花園

海客談瀛洲
煙波微茫信難求
「談瀛軒」引李白詩句
一堵黃色高墻
「藏」海之妙　「借」景之奇
大海變成內湖
佈局之「巧」
四十四橋　延伸入海
十二洞天　曲折迷離
「寓」意之深
補山園　補山之勝
山河破碎　亟待修補

藏海園　藏海之寬
擁入大海　重振山河
模仿怡紅院
懷念板橋別墅

註：中日甲午戰後，台灣割讓給日本。原籍福建龍溪人林維源父子遷回鼓浪嶼。一九一三年林爾嘉（林維源養子）建此園，有「藏」、「借」、「巧」、「寓」四特色。允爲海上花園中的明珠，廈門第一名園。又「怡紅園係《紅樓夢》大觀園中賈寶玉居處。李白詩句中「瀛洲」隱指「台灣」。

皓月園

蟲沙猿鶴有時盡
正氣觥觥不可淘
現代　蔡元培

泉州白花崗石
精雕頂天立地英雄像
青銅浮雕群像
再現英雄當年
「開辟荊榛逐荷夷」
「雄心激似大江湖」的氣魄

「至樂無如讀書」
成功腳下
且拜讀英雄磅礴詩作

註：園是紀念鄭成功而建，「　」中係鄭成功詩作。

萬國建築博覽

看不盡的建築萬花筒
讀不完的建築百科書
聽不厭的屋主陳年事
中西合璧　風格各異的
千座別墅

林語堂大師舊居
塌陷只剩一層
海天堂構　中國味的屋頂
蓋在西洋主體建築上
舒暢華僑海外飽受壓抑的心情

領事館的舊日時光
十九世紀的滄桑
似有似無地
延續在門樓窗柱上

廈門古剎

南普陀寺

經始溯唐朝與開元而並古
普光被廈島對太武以增輝
大雄寶殿楹聯

寺前昔年海潮音
臨流照影
滿足諸妙相
寺後特大「佛」字
雙眸頓覺翳消鎔

佛國幾度滄桑
八塊御碑(註一)
何需炫耀歷史恩怨

禪房依山造勢
華襯玉欄紅隱隱
樹含金殿碧重重

五老此處留形(註二)
定相非空非有
慈悲即悟 即觀音

註一：大雄寶殿兩側有八塊用漢文和滿文雕刻乾隆「御製」的「平定台灣」的碑文。內容是爲炫耀「生擒」起義的首領林爽文、莊大田，鎮壓台灣人民的所謂「武功」而樹立的。

註二：南普陀寺位於五老峰下。

萬石蓮寺

萬中忝一法
石上悟三生
萬石蓮寺楹聯

岩瓦雲扉的佛堂
萬念不生參片石
會心不住　聽得妙音

石心匪轉　即心真空
石磬聲傳貝葉風
石經留壁　深融正眼藏
來此道場　無有邊際
萬石涵翠的禪境

註：寺位於廈門園林植物園，萬石山遊覽區內。寺的所有建築都建在岩上。

太原古剎

永祚寺

古寺古殿古香添韻
寶塔寶帖寶墨留芳
永祚寺楹聯

全為磚構　無樑的大殿
雕工洗煉　玲瓏的藻井
雙塔凌霄　晉陽的奇觀

二〇七幢碑石　名家的真跡
牡丹滿園　明代的紫霞仙
新枝萌發　即景的會心

崇善寺

千手千鉢千華子
大慈大智大願望
　　大悲殿楹聯

山門前明代的鐵獅
神姿威猛　筋骨雄健
黃綠色琉璃剪邊的瓦頂
瑰麗壯觀

十一面的
千手千眼觀音
背光圖案　美輪美奐
歷六百年
仍璀璨奪目
寶相琅函的
隋唐遺址
宋版的藏經
善知識能調物精
門室福地　如悟真如

註：崇善寺創建於隋末唐初，初爲隋煬帝行宮，唐更名白馬寺，明代改爲崇建寺。殿堂樓閣，亭台廊廡數；曾近千間。清同治三年毀於火，僅存山門、鐘樓、東西兩廂和大悲殿，惟亦成格局。寺珍藏大批宋、元、明、清版本藏經；其中刻於公元一二三一年（南宋紹定四年）的宋代藏經，是最完善的版本。寺現爲山西省佛教協會所在地。

太原晉祠

聖母殿

懸甕山高　碧玉一灣分晉水
剪桐澤遠　慈雲千古蔭唐村
清　祁雋藻

活放在懸甕山的半腰
千年不變
宋式殿堂建築的代表
恰建在晉水的源頭
澤衍萬里
靈源膏流的碧玉
「賢於內治
明胎教之道」的(註一)
邑姜　顯靈昭濟聖母
「四方雲雨幹坤靈」(註二)

註一：邑姜是姜子牙女兒，周武王之后，成王和叔虞的母親。「 」中語，係周武王對她的贊語。
聖母殿原爲唐叔虞祠，建於北宋太平興國九年（九八四），後加祀邑姜。熙寧十年（一〇七七）以禱雨應，加強「顯靈昭濟聖母。」是現存宋代建築保存最完整的一座國寶級建築。

註二：聖母殿前廊柱對聯句。「幹」即井上木欄，又指樓名。《漢書·郊祀志》：「立神明台，井幹樓高五十丈。」引申爲崇祀之意。「坤」，卦名，其象爲地。坤靈指地神。《宋史·樂志》：「山岳河瀆皆坤之靈。」

魚沼飛梁

十字形橋面
僅偶見於古畫中
覆盆式蓮瓣裝飾
北魏原物
石欄　柱礎　望柱
宋朝原物
形如大鳥展翼
獻殿　聖母殿間
翩翩欲飛

註：古人以圓形爲池，方形爲沼，因沼內多魚，故名「魚沼」。「飛梁」則本古人「架橋爲虛，若飛也。」及「飛梁石磴，陵跨水道」的說法。此橋是世界孤例的結構，今日高架橋的濫觴。

唐碑·晉祠銘

文章千古事
社稷一戎衣
碑亭柱聯
清　朱彝尊集杜甫詩句

其一

唐太宗御製　御書的
「晉祠之銘並序」的原石
碑碣華麗　螭首雄奇
額邊全刻雲紋
額書飛白體
貞觀廿年正月廿六日
太宗飛白不傳(註一)
傳者僅此數字

書體行草
筆力奇逸含蓄
「鸞翔鳳翥龍蛇繞」（註二）
氣象涵蓋
儼然開創規模
頗有王羲之書意
唐太宗也是一位
書法藝術家

註一：「飛白」是八分（隸書）之輕掃者，用枯筆爲之，淺如流露，濃若屯雲，輕微不滿，略顯其白，故名。

註二：清·王佑，評贊李世民書法詩句。

其二

碑文修辭考究
太宗得意之作
拓片贈外使
雖有君權神授
　封建禮儀
亦有人生體驗
　治國宏觀
晉陽是大唐龍興寶地
太宗虔誠祭祀晉祠
碑文記載晉祠的原始風貌
瞭解晉祠的第一篇文章
南有蘭亭序
北有晉祠銘
唐太宗的曠世寶翰

宋塑侍女

傾城四十宮娥像
笑語嚶嚶立滿堂

現代 郭沫若

裝束仍保留宋代的色澤
年齡不同 職務不同
體形不同 服飾不同
面部表情不同
精神狀態不同
四十三尊像
每尊都可立一小傳

口有情 眼有神
耳在傾聽
如語如笑 如嗔如怨
極盡窮神盡變的能事

刻劃心靈神采的境界

舉手投足 顧盼生姿
世態人情 纖毫畢露
有血有肉 有喜怒哀樂
彷彿見到她們
脈搏的跳動
酸楚的內心世界

不知名雕刻家的
借題發揮 深刻構思
封建環境中的典型性格
現實主義藝術的精品
雕塑的不朽極品

註：聖母殿侍女像係照舊時宮中的「六尙制」（尙冠、尙衣、尙食、尙沐、尙席、尙書），而塑。「尙」者，「奉也」，即侍奉的意思。

難老泉

晉祠流水如碧玉
微波龍鱗莎草綠
唐　李白〈遊晉祠〉

晉陽第一泉
涵養稻禾出貢品
泉眼七孔八脈
浮湧殿宇

奕世長清　永錫難老
清泉寫翠出清趣
到處水面題詠
泉脈何曾問古今
泉淵源天地　天長地久

註：「難老」語出《詩經．魯頌．泮水》：「在泮飲酒……永錫難老。」

周柏

地靈草木得餘潤
郁郁古柏含蒼煙
北宋　歐陽修〈晉祠〉

古柏側生奇偉
形似臥龍　頭枕撐天
北邊的一株
倒掛偎倚在
南邊一株的枝杈上

「同心德不孤
連理長不死」(註一)
古柏齊年高
傅山大筆題(註二)
晉源之柏第一章

字寫的好　刻的精湛
傅眉大作　「古柏歌」（註三）
勉勵老者應有
老驥伏櫪　志在千里的精神

註一：清·楊二酉詩句。

註二：傅山（一六〇七—一六八四），山西陽曲人，深富民族氣節，曾絕食七日，拒不任清廷官吏。傅山是山西人引以爲傲的清初太原兩大名人之一，與王夫之、黃宗羲、顧炎武齊名，晉祠內現建有傅山紀念館。

註三：傅眉（傅山之子）曾作二十行七言古體詩〈古柏歌〉一首：「……攫雲搏雨岩阿幽，解牙銳角風塵裡。……」謳歌古柏凌雲勁節，勉人愈老彌堅。
又周柏、難老泉、宋塑侍女像並稱「晉祠三絕」。唐碑（晉祠銘）、魚沼飛梁、聖母殿，並稱「晉祠三寶」。

舍利生生塔

群峰環聳青螺髻
合澗中分碧玉流
現代　段雲

玲瓏琉璃瓦的磚塔
穎透峰表的壯麗
每級均有磚匾
每層均有佛像
貯存舍利子　可以得福
舍利生生之名
衆君子之名

註：塔建於隋代，清乾隆年間重修時，挖出石匣，內裝金銀瓶，五色舍利子千百粒。

留山園

紅雨隨心翻作浪
青山著意化為橋
留山亭楹聯

點綴園中景
二亭雲煙過四海

註：舍利生生塔西園內有「留山亭」、「伴雲亭」，一九八四年重建。傳言，明·嘉靖、萬曆時，懸甕山向東「移步」，逼近聖母殿和奉聖寺後；乃停留，故有「留山」之說。

山可留乎
不移則留也
謂之留山矣
其然其不然乎

雲可侶乎
相依為侶也
謂之伴雲矣
其意化為何意乎

雲山自古自今
紫藤修竹茂密

十方奉聖禪寺

自奉聖奉建初唐
便來這奉聖寺中
時時奉聖
唯西山西連雪嶺
寧拾此西山腳下
面面西山

奉聖禪寺中殿楹聯

舊址　唐　尉遲恭別墅
將軍舍宅為寺
可是懺念殺戮太過
香火曾分庭唐叔虞祠
釋家道家　同是一家
山環水繞　亭塔風光

安禪解禪清淨處
唐　蟠龍松
唐　華嚴石經
尋幽訪古無雙地

註：寺初建於唐，是禪宗初期祖寺之一。金·貞佑年間毀於戰火，元·至正年間又遭火，明·洪武年間二次重建。二十世紀五〇年代被拆毀，八〇年代遷晉祠景清門作爲山門，又將馬莊，明·芳林寺的大殿，汾陽，元·二郎廟的中殿，重新組建爲今日所見的奉聖寺。一九九六年新製九尊仿唐式的大佛像。昔年勝景，可從〈柏月山房記〉的磚刻影壁中，窺見一斑。

朝陽洞

朝嵐煙水連空翠
暮苑松雲拂洞寒

現代　林素園

石磴階階登福地
元溟洞天饒仙趣
登來多有飄然意
眼底處處盡壺天
風送松影　煙籠蓮池
天然開圖畫
洞門迎朝陽
洞內靈官像
應有梧桐
似聞讀書聲
鳳凰何時飛來

註：朝陽洞位於懸甕山山隈間，係一天然石窟，坐西向東，晨光照進洞內，故名。「朝陽」語出《詩經・大雅・卷阿》：「鳳凰鳴矣，于彼高岡。梧桐生矣，于彼朝陽。」註：山東曰朝陽。朝陽洞前有五十二級石階（原數七十二級，人稱七十二台，道家稱七十二福地。）洞側建有「待鳳軒」，洞頂覆蓋飛閣，洞內有清・道光年間立的「元溟洞天」懸匾。元，大也。溟，海洋，意謂此閣如天海中的神仙瓊島。又「壺天」，是古仙人施存的自號。北齊・楊愔在懸甕山有讀書處，現朝陽洞上有清・乾隆年間建的讀書閣一座。

雲陶洞

霧柳霾花老眼瞠
雲陶穩睡撥雞鳴
清 傅山〈宿雲陶〉

其一

陶復陶穴 未有家室(註一)
江山易幟
傅山先生隱居此洞
「日上山紅 赤縣靈金三劍動」(註二)
強烈地表達
先生反清復明的思想
「月來水白 真人心印一珠明」(註三)
確切地寫出
先生心繫朱明的決心

先生詩 文 書 畫 醫
造詣深厚
百姓另闢徯徑
褒獎先生
字不如詩 詩不如畫
畫不如醫 醫不如人
先生人格高貴
民族氣節震三晉

註一：雲陶洞的「雲陶」，語出《詩經・大雅・綿》。「陶」即「窑」，意謂高居雲中的窑洞。

註二：雲陶洞對聯，傅山先生題書，首字「日」、「月」，合爲「明」字。

註三：同前註。

其二

「雲陶」行草石刻匾額
傅山先生題書
骨架剛毅　健筆凌雲
奇邁逸品　字如其人

石洞茶煙
先生待友必烹茶
靜宜園中　飲酒茗茶
「茶七碗　酒千鐘
醉來踏破瑤階月」（註）

晉祠幸能多得
先生翰墨真迹

註：靜宜園對聯，傅山撰。靜宜園位於雲陶洞旁數十步。

老君洞

臥石倚雲無好事
焚香洗鉢度餘生
現代　王金祿

陶冶虛無　造化萬有
太上老君　金身端坐
「人來此處居然脫俗
我坐多時似乎成仙」（註）

放開眼界
山光水影心自明
小院幽靜
老皂樹下聞葉香

註：老君洞對聯。老君洞又名方丈洞，初爲道士住此，後和尚亦住此。洞內冬暖夏涼，迴異他洞。

五台山古刹

大佛光寺

二唐寺　瑰寶世間無
千劫何緣有象法
明時自不失玄珠
沉晦慶昭蘇
　　現代　趙樸初

出現在敦煌壁畫「五台山圖」的
顯要位置
昔日洋洋大觀
騎馬關山門
松柏清翠
漫延寺院紅圍墻

山凹白楊挺拔
綠柳婀娜
林間芳草襲人

位在台懷鎮外圍
帝王少到　香火冷落
荒煙蔓草
保持了古刹原貌

出現佛光普照的山林
寺況興盛　遠及日本
歷史之悠久　文物之珍貴
亞洲佛教之光

註：寺創建於北魏，唐大中十一年（八五七）重建。久埋荒野，一九三七年名建築家梁思成等人調查後發現。東大殿的木構建築、彩色泥塑、壁畫、墨迹題記，允稱大唐四絕。

金閣殿

此去已究千疊峰
到來又隔一重山
天王殿楹聯

觀音像　五台山第一大像
一真法像　或玄或妙
不足以現象求

大雄寶殿　清靜四合院
鐘聲鼓聲磬聲
聲聞於嶺外

石券窯洞　釋道合一
各色各樣神像
妙像琉璃光　難求難得
豈能以名稱論

羅睺寺

地號羅睺因有佛子行蹟處
殿稱文殊原為大士說法場
文殊殿楹聯

大紅蓮瓣　時開時合
一心萬法　舒卷自如
「開花見佛」　四方瞻寶箱
花開空界　自成清淨色

文殊尊像乳白色
兩肩肩花
花上經書及寶劍
松塔佛樹　慧燈淨照
文殊菩薩生日
佛子羅睺　跳鬼相娛

顯通寺

聖容毫光菩薩妙用遊戲有無中
梵宇金碧法王神通變化色空裡
山門楹聯

龍虎把門
何勞四大天王
蒼松翠柏
掩映屋舍四佰間

千臂千鉢千釋迦文殊像
金光燦爛
獅子文殊銅像
金容滿月
銅殿殿壁佛銅像一萬尊
無一雷同
萬佛如來　放大光明

五爺廟

匾額林立　香客很多
廟不大　名氣很大

文殊菩薩　廣濟眾生
化成金臉五龍王
說布施雨露義
顯一切善法

十殿閻君朝地藏
「陰報陽報還須自報
前生後生總在今生」（註）

五龍王喜歡看戲
戲台上　一齣接一齣的山西梆子戲

註：香客朝拜地藏殿時，皆唸此十六字。

大塔院寺

金瓶涵海月　寶鐸振天風
自是藏靈光　神拜萬古崇
明　鎮澄法師

大白塔巍然
縱橫遠近青山中
大白塔中有
阿育王佛舍利塔
文殊髮塔裡有
菩薩一綹頭髮
即成必壞
方識佛祖與文殊

佛祖足跡靈相圖碑
佛祖說：「誰見足跡　瞻禮供奉
就能免罪消災」

菩薩頂

「靈鷲鷲靈靈鷲靈」(註一)
文殊菩薩居住的地方

文殊菩薩騎狻猊
頭取旁觀姿
腰取扭動形
髮取散拔狀
身掛瓔珞　活潑生動

瞻仰菩薩真容
「真容容真真容真」(註二)

註一：菩薩頂天王殿楹聯。
註二：同註一。
菩薩頂位於靈鷲峰上，遠看像拉薩的布達拉宮，仿清代皇宮及藏族風格。

碧山寺

落日碧山寺　蕭然古澗邊
白雲生翠崦　明月下寒泉
前人　佚名

林蔭蔽日　清淨塵無迹
水流潺湲　虛空性自明
情景相融　藝質結合
舉頭見佛生歡喜
空色圓融　頓息生滅
護國戒壇　護法安僧
敷演清涼　真如法界
千秋律宗見根源

註：寺有五台山最早的「戒壇」。緬甸玉佛、脫紗羅漢像允稱珍品。

殊像寺

仗憑僧家月誦經
乞請諸佛願現身
文殊殿楹聯

文殊菩薩顯身殊像寺
瑞相天然
薔面傳說是真容
大士四海布涼詣
狻猊奔騰凌空（註）
青獅白馬兩相同
佛日常明　常會龍門客
殿門大開方便門
般若智慧如淨寶

註：狻猊，傳說中的猛獸，類似獅子。

般若泉

晚浮懷之浪
清晨飛補袖之
乾隆皇帝題字立碑

殊像寺外牌樓前
五台山聖水般若泉
萬水源　萬歲泉
供佛的淨水
貢品的神水

般若水美味
結出智慧果
泉水同清靜
水清通覺慧
茗啜泉水　得味如如意
皆是智慧

龍泉寺牌坊

通體潔白
瑩潤的漢白玉美石
通體雕飾
玲瓏玉杵　精美淨域

人獸　花卉　流雲　山水
刀工細膩
細如髮絲　薄如蟬翼
刻工生動
活潑傳神　呼之欲出
開口怕鳥飛
風吹恐葉落
入木三分的石雕藝術珍品
赴會龍華　峻凌霄漢
華北第一雕

普濟和尚墓塔

山西塔雕文化的
耀眼傑作
塔主人　普濟和尚（註）
朗朗僧涯　懸諸日月

潔白肅穆的感覺
別緻精緻的造型
雄偉壯觀的氣勢
富麗華美的雕飾
布局嚴謹的構件

塔肚刻般若心經
塔身四面火焰形佛龕
　四座結跏趺坐彌勒佛
普濟和尚自許彌勒佛轉世

彌勒佛大肚
胸懷灑脫　即是上乘
彌勒佛大笑
世事紛擾　曾無了局

註：墓塔位於龍泉寺內。普濟和尚，俗名李得勝，光緒元年（一八七五）於五台山南山寺出家。二十年的僧人生涯中，度化百餘名弟子，教化僧衆無數，募化億萬元布施修建十八座寺廟，乃一位道高功著的大和尚。

南山寺

二寺一堂　層疊七層（註）
宏觀浩大　微觀精細
曲徑明暗
數步即身臨盡處
轉一門洞
又朝見清真福地

觀音化身送子觀音
普賢化身臂十八
文殊騎獅是本身

松濤盈耳　山色醒目
分形變化　淨心不亂
自然了道心圓地

註：寺是祐國寺、極樂寺、崇德堂的合稱，依山勢而建，共七層。寺中有精緻的千餘幅石雕。

黛螺頂

五品蓮花　獅吼象鳴
五尊金相　龍吟虎嘯
五文殊殿楹聯

幽雅精舍　山花為鄰
無垢法堂　古柏為伴
五方文殊菩薩
般若光照大螺青峰

雲生天靜　風過樹空
覺來通物性
頂上懸慧日
光天不老落成真

註：乾隆皇帝曾來此朝拜，並親筆題詩。黛螺頂俗稱「小朝台」，登頂如同登上五座台頂。

東台—望海寺

東台頂　盛夏尚披裘
天著霞衣迎日出
峰騰雲海作舟浮
朝氣滿神州
　現代　趙樸初

臥佛高臥
極目感應東方海氣
那羅延窟　風氣凜洌
異人留笠子　建塔藏之

霧氣自腳下生來
紫氣直上蓮花殿
四臂聰明文殊金碧聖像
閃爍平等性智
圓光化現真如相

西台—法雷寺

峰環煙淡　谷深岩幽
天低宇宙寬
山風雷吼送清音
請承供養獅子吼文殊
法音超上品　成所作智

白色石砌舍利塔
塔基敦厚　塔身俊秀
台頂一道風景

「月墜峰巔　儼若懸鐘」（註）
月色天空　菩薩清涼月
無邊剎土　常遊畢竟空

註：引自《清涼山志》。
西台頂又名「掛月峰」。

中台—演教寺

中峰橫秀　法貫宇宙三千界
鷲嶺炫耀　大日偏教塵剎土
文殊殿楹聯

頂上翠岩石
立如奔馬　丹碧生輝
大圓鏡智孺童文殊菩薩說法
聞得無上甚深微妙法
解得如來真實義

巔巒雄曠　翠靄浮空
白玉講台　祈光塔煥然一新（註）
塊塊龍翻石　蘚苔斑斑
陽光下　如龍騰起

註：《清涼志》：「成化間，秋崖法師同晉王祈光，遂願，故建之。」一九八七年重建。

北台下院—萬聖澡浴池

文殊相好本無垢
安得靈泉盥掌曾
清　乾隆皇帝

「洗澡身體　當願眾生
身心無垢　內外光潔」（註一）
菩薩本就無垢
香花拭巾　何須入池

湧泉依然
池前三間大殿
精雕細刻　文殊腳印
女尼虔誠守護靈迹（註二）
雲水蒸茶　雪花煮粥
煙霞閒骨格
自有慧根礪清性

池前仰視「華北屋脊」
山雲吞吐　巔摩斗杓
淡綠深青幾萬重

註一：據《百文清規·知浴》記載，僧人入浴前需於僧堂拜跋陀婆羅菩薩，並唱「」中的四句偈。

註二：澡浴池傳說是文殊菩薩沐浴淨身處。殿中有一中年女尼駐錫，交談中，知彼受淨空法師精神感召，堅持在此苦修以求正果。

筆者等至澡浴池時，北台頂通路正在修路，無緣至台頂（五台山北台頂是五台山最高峰，號稱「華北屋脊」。）參拜靈應寺中，法界體性智—無垢文殊菩薩。

南台—普濟寺

策杖尋幽上翠嶺
清涼春盡景芳妍
千崖花綴千崖錦
五頂峰連五頂天

明　性善

獨秀而居　遙望四野
山花綠草　錦繡滿台頂
普賢菩薩騎象
宋元古相
智慧文殊菩薩像
妙觀察智　亦有古樸相
無垢無染無所著

註：東北西中四台，一山連屬，勢若游龍，惟南台獨秀而居。

清涼石

清涼名獨佔
分別不生心
清 乾隆皇帝〈清涼石〉
清涼山 清涼寺（註一）
清涼石 清涼境界
順治出家處耶
念頭起處即看破
聞聲就是佛娑心
清涼石上何清涼
能令見者悅 來者行
動者靜 信者安
清者明
誠心就能扛動
心寬就感不隘
此石是歇龍石耶（註二）
此石是曼殊床耶（註三）
清涼石上 蕩漾清涼意
人心炙熱 何時清涼
註一：清涼寺初建於北魏，歷代帝王均十分重視，是替國行道的鎮國道場，乾隆時代及民國初年曾擴張整修，文革時全毀，刻正積極修復中。

註二：傳說五台山原奇熱無比，文殊菩薩向東海龍王借得此石，往山中一放，頓成清涼世界。

註三：《清涼山志》中說此石：「能容多人不隘古者，嘗有頭陀趺坐其上，爲衆說法，梵音琅琅，異狀圍繞，望之悚怖，近之則失，後人目其所坐之石，曰曼殊床。」

楊忠武祠

豐功偉烈著邊疆
勇冠三軍稱無敵
浩氣英風留古塞
聲威萬代佩專城
　正殿廊柱對聯

一代英雄的故里(註一)
周圍沃壤　左右流泉
一堂忠義的功勛
功揚天地　奕世將略

皮冑四五寸
楊家將舊物
楊氏族史卷軸
宋代原件

朱熹的筆迹
范仲淹的贊語
祠堂春秋七百年

鹿蹄石六百年
青翠奇特　圖案不改(註二)

國恩祖德　隆天重地
願後人各自擔承
發揚光大

註一：楊忠武祠在山西代縣城東北十九公里鹿蹄澗村。

註二：大殿前豎鹿蹄石一塊，形狀奇特。傳楊業十四世孫楊友，鎮守代州時曾射中一鹿，鹿帶箭而逃，追至今鹿蹄澗村，鹿鑽入地下，挖之得奇石一方，上刻梅花鹿帶劍，並有蹄印，後移於祠內，村名即得於此石。

雁門關故壘

三關衝要無雙地
九寨尊崇第一關
雁樓小北門對聯

重巒峭壑　峰墩壕塹
戎馬關山英雄氣
胡馬望關而歎
何處昭君回首處

全師出雁塞
百戰運龍韜
雄關古戰場
風雲激烈激盪過
悲風壯烈震撼過

應縣木塔

儼如月窟同登眺
恍有天梯許共攀
第四層東門楹聯

巍峨磅礴中見玲瓏秀氣
古樸無華中見端莊凝重
突兀碧空中見香雲星斗

五十四座宏大的斗拱
二十四根粗重的塔柱
擋住狂風洪水
地震炮彈
五十三面蒼古的牌匾
六幅雋永的楹聯

十六塊典雅的碑刻
揮灑千載人文風采

高大肅穆的釋迦佛
穹窿藻井　天高莫測
飛天壁畫　活潑豐滿
廣博殊麗的景象
妙嚴的境界

木塔文化的經典
世界三大奇塔之一

註：木塔全稱是佛宮寺釋迦塔，六層八角建於遼清寧二年（一〇五六），是世上現存唯一最古老最高大的純松木結構樓閣式建築，素有斗拱博物館之稱，集木建築之大成者。與艾菲爾鐵塔、比薩斜塔，同列世界三大奇塔。

北嶽恒山

岩巒疊萬重
詭怪浩難測
唐　賈島〈北岳廟〉

大觀

恒山壁立俯雲中
真氣冥冥帝座通
明　胡宗憲〈登恒山〉

萬物所伏　恒常之所
一〇八峰　奇在如行
人天北柱
天下第二山（註一）

古地多起干戈
從來就是戎馬地
據恒山則天下可得　可安
險在可折天下臂的
絕塞名山

兩峰一峽十八景
七宮八洞十二廟
羽客山中
吞食煙霞遠塵囂
登神仙者七十户(註二)
天下第五洞天

註一：秦朝「奉天下十二名山」，其二是恒山。

註二：宋．王禹稱《重修北岳廟碑銘》：「士俗粹靈，登神仙者七十戶。」七十戶，指已成爲神仙的人。

九天宮

茅君修仙煉丹處(註一)
煙火應不飄人間

人間送兒送女事
九天玄女娘娘
無所不能

松柏花草　山嵐飄浮
祠廟錦簇峰擁
甘苦二井　平分別有天(註二)
苦盡甘來

註一：東晉．葛洪《神仙傳》：「茅君十八歲入恒山學道，積二十年，道成而歸。」

註二：二井位於宮東面，苦井已填爲平地。

會仙府

玉虛仙府隔塵囂
石屋雲門道士家
清 方大奇

八洞二十四神仙
歷代所有的神仙
聚會於此
歷代贊頌恒山的摩崖題刻
羅列於此

雲嵐飄浮生足下
雲崖萬丈生頂上
煙雲洗心樂治人

何處物外求仙都
自然就是仙

恒宗峰頂

極目不知千里遠
舉頭唯見萬山低
前人 佚名

茅草漫生　萬塵奔莽
天風山風
長吹天漢風
雲根風濤
無氣不相通

五台山　千山一髮
古長城　遠天一線
邈邈山河　悠悠情懷
脈脈有語欲無語

琴棋台

無弦琴去有高台
台上青松花自開
柯爛棋殘仙已化
知音到此莫疑猜
　　清　張崇德〈琴棋台〉

台平如砥
群山皆來朝
台上石刻棋一局
一局爛柯　悟道遺踪
「人琴俱去奈如何」(註一)
台下是峰　是松　是好景
台邊清籟如濤
　豈容俗耳

山嵐如煙
仙氣披襟
「滿坐松花掃不開」(註二)
那管人間是非

註一：明．邢雲路〈琴棋台〉詩中句。
詩二：明．董錫〈琴棋台〉詩中句。
　會仙府西北有一巨石迸裂，沿石縫攀援而上，陡壁高處有一平台，即琴棋台。相傳張果老與管革曾在此對弈，呂洞賓與鐵拐李也曾在此撫琴下棋，列爲恒山十八景之一。

恒宗殿

祠壇縹緲過雲孤
勝響英靈颯有無
明 王世貞

陡如天梯 登如緣壁行
坐坎向離 氣貫斗柄
置身朝殿 如赴金鑾殿

振衣樓上振衣台
台上振衣冠
振去俗氣 沾上仙氣

翠壁白石纍纍
「虛空生白 吉祥止止」（註）

註：《莊子·人世間》篇中語。

白雲洞

玉洞空明秘寶藏
白雲蟠引氣舒暢
明 邢雲路〈白雲洞〉

冉冉雲氣洞裡出
緣何不絕如縷
簌簌松風洞邊響
何以清幽如水

雲是山態度
輕雨出岫
風起雲湧變化須臾事

山桃花遍峪盛開
灌木林遮天蔽日
靈芝仙草如雲錦

飛石窟

丹梯萬丈瞰岩幽
石棧勾連最上頭
可是神剜更鬼鑿
也應天巧代人謀
　　前人　佚名

靈石何時飛走
　飛往何處
「卻問安王一片石
誰教飛去不飛還」（註）
石去山空留幽洞
外若門戶　內如方院
山石通靈氣
與天地相通

南側后土夫人梳妝台
紅樓飛翠　花草封階
夫人　掌握萬物之美
　大地山河之秀
夫人　石脂圖採來朱色石卵
　研製胭脂
　早晚臨窗梳妝
晴雲浮合　千岩競秀
玉泉蕩漾　聳翠流丹
恒山仙事仙景最勝處

註：明．徐如翰〈寢宮〉詩中句。相傳舜帝北巡時專程朝拜北嶽，至山下忽有巨石從恒山飛石峰破岩而起，墮於帝前，帝封此石爲「安王石」。五年後帝又北巡，至河北曲陽，大雪阻祭程，遙祭時，此靈石又飛到曲陽，於是在飛來石下建飛石殿。

懸空寺

誰鑿高山石
凌虛構梵宮
蜃樓疑海上
鳥道沒雲中

明　王湛初〈遊懸空寺〉

其一

巉岩綴虛空
石閣輕如紙
攜手說飛登
白雲簷外止

清　魏氣樞〈懸空寺訪僧〉

懸崖峭壁上的
海市蜃樓
似幻實真的
空中樓閣
是佛典上說一切空空處
是黃笈中說羅天渺渺地
松柱撐起的
人間仙境

一幅翠屏上巨大的
美麗古畫
一件神祇懸掛在長虹彩練間的
精巧玉雕

山川凝秀氣
天際寶筏
懸空臥雲霄
青鶴飛來

其二

誰持瓊閣嵌石屏
神工欲使九霄通

現代　楊光裕〈登恒山懸空寺〉

奇在選址
弧形凹底　覆以岩唇
上接於天　下不在地
風雨日炙不及
雨雪有時還上飄

險在懸空
寺實不懸空
長木暗托壁隙中
根錐穩扎石罅中
虛中有實　實中無虛
千年千鈞力量在

像掛在壁間的雛鳳
　崖上的丹虹
　岩中的積木
寺真懸空

巧在玲瓏（註）
殿閣雖小而井然精巧
棧道暗道相接
沿屋脊破窗入室
迴廊不寬而巧緻無阻
凌虛於空而益增俏巧
巧妙融合　信仰美學
　建築力學

不知者以為神仙為之也

註：全寺僅一五二．五平方公尺，但巧妙規劃爲四十多間殿閣，供奉八十多尊神像。

其三

乘懸悟懸心愈懸
知空非空目莫空

現代　張劍揚

如來泰然居中
　主尊的地位
孔子居左
　禮讓的風度
老子居右
　灑脫不論位次
三教祖師　三教殿中
聯袂和安共居

廟小世界大
融三教之精華
納十方之神靈

真元宗教的
自由天地

釋如黃金
道如白璧
儒如五穀

以佛治心
性空求圓通
以道治身
玄妙求超脫
以儒治世
仁義求進取

三教從來一祖風
共賞山川奇秀
神州總是一脈通
聖賢古今相同

雲崗石窟

大觀

一窟　一大千
一佛　一世界
洞窟清涼天地大

一鑿一痕　歷史記憶
一雕一畫　精嚴古風
佛國藝術　空靈迷離

雲岡石窟惟一空
何故實相又不空
一切諸法
真實體現非不空

佛母洞·五華洞

三千六百多尊雕像的佛母洞
佛祖一生的事迹
有趣的佛傳故事
夢幻的境界
佛陀的世界

印度和波斯風格的五華洞
北魏原貌的七尊立佛
少女風姿的菩薩像
伎樂天人排排坐
飛天凌空翩翩舞
小力士靈巧　大佛雄壯
力與美的表現
和諧自然的構思
豐富的宗教　藝術
歷史　音樂的形象

飛天藝術

素手把芙蓉　虛步躡太清
霓裳曳廣帶　飄拂升天行
唐　李白

其一

隨心隨意
隨旋律飛舞的仙女
漢代趙飛燕的身影
西涼舞蹈藝術的縮影
是漢化了的鮮卑姑娘
是鮮卑化了的漢族閨秀

情與美的呼應
多變的飛動美感
飛天是雲崗石窟藝術的代表

其二

纖細輕盈的身影
輕薄貼身的衣紋
飄逸御風的飛行
滿身散發馨香
奏樂飛灑花雨
佛祖講經時
香音樂神　空中飛舞

石窟處處飛天樂神
有的托供品　持樂器
　揮彩帶　舞手足

或一人上飛　或結伴飛舞
或手牽手繞蓮花飛翔
姿態數目都不同
都是虔誠禮贊佛祖

曇曜五窟·露天大佛

五窟五尊大佛
北魏五個皇帝
方臉大眼　體型魁武
北方遊牧民族的剽悍氣魄
大體大面的龐然氣勢

露天大佛
九百多年一直户外跏趺而坐
上身微傾　俯視人間
祥和敦厚的眼神
君臨一切的氣度
北魏開國時的興盛氣象
明叡好道
都是當今如來（註）

註：露天大佛係爲北魏道武帝拓跋珪而鑿。

大同九龍照壁

琉璃照壁盤九龍
之而恍惚騰雲中
傳是前明代王府
規模直似皇居崇
清　方坦

規模最大　歷史最久
斑爛的琉璃雕牆
翻騰的九條遊龍
龍頭高昂　龍尾搖擺
鱗片耀眼　風采迷人
或龍爪探珠　優雅盤旋
或呼風喚雨　龍偃雲端
壁前倒影池中
壁龍如欲衝天　活靈活現

大同古刹

下華嚴寺

坐西朝東
旭日東昇　佛法西來
契丹拜日　以東為上

天宮壁藏　想像中的天宮式樣
上層佛龕　下層藏經櫥櫃
渾然一體　海內孤品

合掌含笑露齒脇侍菩薩
頸稍斜而欲語
身略前而稍傾
婉麗動人　充滿喜悦
嬌而不豔　美而不俗
大同對外文化交流的形象

上華嚴寺

琉璃鴟吻　光澤燦然
五方佛　喇嘛裝束
顯密禪淨皆是相
相有差別　性無不同

大雄寶殿　遼金遺風
面寬九間　進深五間
壁畫人物五千多位
天花板彩畫一千多塊

「擎竹閣」裡　「拈花笑」中
翠竹黃花　圓了色相
花開見佛　留下心印

註：大雄寶殿面積一五五九平方公尺，是大陸現存的兩座最大殿宇之一。擎竹閣、拈花笑是寺中兩處景點名稱。

善化寺

六十度斜拱的三聖殿
碩大華麗
形似怒放的花朵

佛法無邊的大雄寶殿
二十四護法諸天像
神情各一　無一雷同
金代雕塑精品
現實生活基礎
濃厚生活氣氛
生活即道場
禪悅珍貴人性

符合伽藍七堂的古制
保存最完整
規模最宏大的遼金寺院

汾陽杏花村

牧童指處　杜牧在這裡
借問酒家何處有耶
闖王李自成
倚馬立書　盡善盡美

「酒海飛花」得造化香
用心釀造　玉液透瓶香
四千年釀造史　白酒開山祖
清香醇香　杏花香四海
逢人便說杏花村　酒香花香

註：村外五里小桐村曾掘出「牧童指處」石匾；惟另一說，指杏花村在安徽貴池，迄無定論。杏花村因李自成一語，一度改名「盡善村」，「酒海飛花」是汾酒廠主題雕塑，重九·九九噸，刻九十九朵酒花，塑九十九個不同字體的「酒」字。

祁縣喬家大院

外觀如城如堡
內視如宮如殿
俯看似象徵
大吉大利的雙喜字

裡五外三穿心樓院
二進雙跨式四合院
正院偏院　相輔相成
六個大院　二十個小院
相套相依
三一三間房屋

屋頂排瓦煌煌
單波波浪頂
三百多個煙囪
都是精雕細琢　絕不類同

藝術風采熠熠
木雕　磚雕　六百餘件
一磚一瓦一木一石
精湛精美　民俗寓意
九龍燈　犀牛望月鏡
萬人球　九龍屏風
文物珍品三仟七百餘件

二十餘塊匾額
喬家的顯赫和自豪
百餘幅楹聯
喬家的治家格言
處世態度
「二百年風雲際會
到頭來一場虛化」
察今而思古
今人新題的一幅
亦有古人的感觸

平遙古城

古城牆

不觀平遙壯
安知古城尊

現代　蘇華

依舊牆是城的框
　牆繞著城
耐看的蒼灰色
盡是古韻
耐讀的牆文化
悠久古味
微縮的明清中國城
依然天地界面
心曠神怡的空中廣場
耐咀嚼的歷史精髓
耐寂寞的封塵往事
誰説泥古不化
不是盛筵

註：二仟七百年前西周宣王時，大將尹吉甫北伐嚴狁，駐兵於此，首建此城。歷代均有增修，現在保存完好的是明洪武三年（一三七〇）擴建的磚石城牆。牆上有三千個垛口，象徵孔子弟子三千。七十二座敵樓，象徵孔子賢人七十二，表示習文偃武的美意。六個城門，活像一隻烏龜，表示長壽永年，磐石永固。平遙古城、陝西西安城、湖北荊州城、遼寧興城古城，並列爲大陸保存最完好的四座古城。

文廟大成殿

賞心悅目的是
殿前月台上
唐代的團龍浮雕
宋代遺風的石雕小品

十分少見的是
以大斜梁
代替補間鋪作的建造技術

非常和諧的是
屋頂　斗拱　牆身
尺度比例　無可挑剔

感受夫子的博大胸襟和豪氣
領略道貫古今的儒學文化精髓

金井市樓

一樓鍾靈秀百年聚滄桑
人和發詠思今朝鑄輝煌
　南大街長泰永里院聯

樓頂正脊脊飾
九件成「山」字形的冠冕絕頂
樓瓦琉璃花紋
南成雙「喜」　北成「壽」字
古代的金茂大廈
古城的摩天大廈

登樓　樓高物象雄
朝晨午夕的南北大街
傳遞明清歷史風貌
五行氣正民生遂
當思如何保聚

日昇昌票號

貨殖高賢義為本
魚鹽大隱誠作根
雷履泰故居南廳楹聯

曾一紙風行　天下第一
中西匯兑通天下
曾如日之昇　千金日利
人棄我取　人取我與
雷履泰　獨有雄才（註）
其昌誠可記　經濟之風流
長留顯譽　盛傳後世

註：雷履泰（一七〇〇—一八四九）山西平遙人，中國票號創始人，日昇昌大掌櫃。日昇昌票號現闢爲中國票號博物館。

縣衙署

百載煙雲歸咫尺
一署風雨話滄桑
儀門對聯

期與斯民相見以天
地方全靠一縣官
莫道百姓可欺
自己也是百姓
明鏡高懸　天理　國法　人情
清官在下　貪官在下
主薄房中堂對聯
「獄貴得情寧結早
判防多誤每刑輕」
刑其無期　幾個縣官能審慎
縣衙　官場文化的一塊活化石

雙林寺

都是世間真實相
人情物態此中藏
現代　侯外廬
〈雙林寺記游感賦〉

建在夯土城堡式圍牆內的寺
寺在唐槐蔭庇下千餘年
寺中彩塑千餘尊
或用黑漆點睛
或嵌黑色琉璃珠
配合不同的　身份和性格
結合不同的　表情和姿態
睛目的長短　剛軟　醲薄
　上下　大小　深淺　廣狹
各有不同
眼珠的轉動方向和視點
也有不同

十八羅漢　現實生活中的和尚
　淋漓盡致的情緒
　精彩萬分的言笑
擄騁技巧　窮形盡相
身如強弓的神品韋馱像
眼神與頭部方向的反向表現
夸張適度　不動之動
渡海觀音　以動寓靜　以動破靜
近看神情安祥自若
遠看觀音隨波上下
自在觀音　坐姿別有風趣
窈窕淑女形象
一付淡出清規戒律的瀟灑模樣
千手千眼觀音　溫柔秀美
多變的手勢　含情的眼神
一位人間靚麗雍容大方的少婦
世俗化　人情味　平民風的可親可愛

鎮國寺

龍槐

欲向枝間尋妙緒
徘徊幾度嘆無由
清　田逢年

有此寺即有此槐
早已閱盡興亡
樹幹委地　同等樹身
樹根詰曲　亦同等樹身
樹皮霜老
苔迹猶新鮮
枝枝相附相連
蜿蜒下若垂柳

盤旋渾似盆景
旁翼又像傘蓋
誰把羊腸
置留在槐抱中
誰引得蚯蚓千條樹中游
低不見尾　高不見首
矯然拔俗
端倪何從尋
疑是當年羽客種
長伴老衲數春秋
葉落清韻生
披枝幽香
風動真如龍翔
崢嶸鱗爪欲騰空

萬佛殿

京城寶剎五代造莊嚴絕妙
天竺金身大唐風法宇宏開
鎮國寺門聯

斗拱碩大疏朗
出檐又深又遠
顯得屋頂十分的龐大
屋頂舉折　屋角反翹
顯得屋頂又十分的輕巧活潑
一種「表裡不一」的寬大壯觀
氣勢飛揚的視覺效果

註：寺初建於北漢天會七年（九六三），原名京城寺，明．嘉靖年間改名鎮國寺，是五代時期寺廟殿宇唯一幸存者。殿方正但不大，牆體空心豎井狀，通風口的鏤空磚雕，每塊造型都不一樣。

彩色泥塑

十一尊五代北漢原作
絕版珍品

脇侍菩薩　豐腴圓潤
羅紗貼體　袒露胸臍
一千多年前
前衛新潮表現

供養童子
農家少女模樣
寫實手法生動

佛像人像
形象多女性化
豈是女子多慈悲博愛

長昇源黃酒·牛肉

中都一絕傳佳釀
宏揚古風留墨香
巷深自有劉伶醉
何須慈禧論短長
現代 吳仲端

酒香多有甜點香
酒氣多有仙人氣
香氣飄逸平遙三百載

慈禧飲過 改名有原委（註）
豈真是神會黃酒三昧

六代傳人尚掌櫃
耄耋壽者 精神猶抖擻
應是黃糯米「液體蛋糕」養身

一手古拙好書法
手工祖傳釀酒術
豈肯輕易示人

●●

未見其肉 濃香撲鼻
既見其肉 紅透垂涎
肥而不膩 瘦而不柴
道地滑細 醇香爽口
有扶胃健脾的功效

白水煮翻三次
交換層次煮
入缸腌漬 放置順序
季節長短 都要講究
一整套獨特的工藝流程

註：長昇源原名聚昇源，慈禧避庚子拳亂途經平遙，佐飲黃酒，贊不絕口，因西巡路途遙遠，情由境生，特賜一個「長」字。

靈石王家大院

三巷四堡五祠堂　華夏第一家
三千間雕樓畫棟　山西紫禁城
王家歸來不看院

高前崖　既有人工之巧
　　又有天工之助
院內有院　以院代牆
門裡套門　花窖暗道
盡在參差錯落變化中
石雕影壁文人畫
石書平淡高逸無煙火氣（註一）
紅門堡　斜倚黃土高坡
是堡卻似城
前宅的屋頂線為
後宅的地平線
起伏有韻緻　氣勢復磅礡
隱一個「王」字在內
顯一條「龍」的形象
龍盤虎踞一方　「王業」在茲
龍飛鳳舞一時　張揚「王道」
綿山長青　汾水長流
大院神采　神遊古往今來
亦「自一山川」（註二）

註一：「石書」位於桂馨書院內，係十二塊二十四面書法石刻，筆迹原出自王家十五世王夢鵬之手。高家崖、紅門堡、孝義祠是王家大院現整修開放的三部份（僅佔原王家大院的五分之一）。

註二：大院匾額。意謂山川獨秀，景觀優美，是一處無與倫比的山莊。

介休綿山

大觀

山美水美岩洞美風景更美
峰奇泉奇龍柏奇名勝逾奇
綿山山門聯

山多奇岩
佛龕神壇懸岩隙
廟觀多奇古
水多奇美　濤溝飛瀑
花果山　水簾洞
説法台前　虹升澗中
活水活山

無處不是奇景
無景不有典故

神佛傳奇　真神真佛
介子推　忠恕風骨
引來群賢畢至
百姓懷念　崇拜　祭祀
就是真神

田志超　煉就金身
為民請命　境界高超
漢人成佛第一人
自覺引導衆生覺悟
就是真佛

真山真水真人
真似江南山水
真是北方一奇

抱腹岩

不晴不雨朝暮繞
非煙非霧來去閑
清 梁錫珩〈抱腹棲雲〉

岩勢似凌空欲傾
憑空生來迦裟一襲
岩壁如兩手抱腹
院落空岩覆漢魏古剎

此中真得佛骨香
乍可對山初識了
佛所說一切空相

註：「腹」大抱二佰餘間屋舍及萬餘遊人而不滿。雲峰寺在此依山勢而建，寺下有空王殿，殿後石佛殿內供成佛高僧田志超包骨眞身。

正果寺

危欄半出雲霄上
秘景中收天地藏
金 周昂〈登綿山上方〉

雲天通衢 行在行雲間

真人修成正果
色相身不壞不滅
靈骨穩坐香象身
浮圖無盡相
無需知了何處虛空鄉
行雲無意 隨風而動

註：登正果寺需經一條四佰公尺長，依山勢而造的「之」字形棧道。包骨眞身塑像應源於綿山，寺中有唐宋元十二尊完好眞身。

大羅宮

香風引到大羅天
月地雲階拜洞天
唐　牛僧儒〈周秦紀行〉

大羅天是神仙所居的天界
大羅宮是人間的天廈
「覽物莫忘神默佑
處世當效古賢人」(註一)
眾神仙　介休三賢(註二)
各有專屬的殿堂

白雲來去和經聲
經聲清虛　統御一元造化

註一：眾妙堂楹聯。
註二：三賢指介之推，東漢·教育家郭泰、北宋·名相文彥博。

棲賢谷

高山仰止疑無路
曲徑通幽別有天
棲霞谷棲牌坊楹聯

幽谷九曲一線天
介子推母子由此到
魚龜山隱居
梅花鹿引路
彩蝶紛飛迎接

耳聽潺湲水韻
足踏懸梯棧道
心慕先賢高風
志在名利塵世外
介公言避世
豈僅不食君祿

介公嶺

山崒嵂兮　石繽紛
高人何處兮　煙林氤氳
懷古曷極兮　視此遺文
臨風一嘯兮　晴嵐出雲
清　宋廷魁〈綿山賦〉

火能燒骨　不能燒魂
清魂如何招
清高不可奪

貪天之功以為己力乎
問諸君食祿
千秋留得姓名無

介山　唯一以人名為山名命名者
天下寒食為公一人

龍頭寺

廟貌與天齊　雲來雲去風不定
真個是空中樓閣
化工從地起　花開花謝景常新
將毋同海上蓬萊
北宋　蘇軾　龍頭寺楹聯

雙龍顯靈龍頭寺
百龍壁上　一〇八條白龍似欲飛去綿山
鼠谷大戰　二月二龍抬頭

梯田噴灑　村煙濃淡一幅畫
塔岩龍騰　萬景皆昌

註：原名塔岩寺，傳說唐太宗來綿山謝雨，見雙龍顯靈而改名。太宗親躬的鼠雀谷大戰遺址在附近，事蹟刻在寺前百龍壁碑上。

龍脊嶺

雙龍交匯龍脊嶺
嶺上清氣仙氣

南有屈原　北有介子推
介子推　忠孝清烈氣
非清氣無以滌天地穢氣
林霏爽氣清山氣

修得三花聚頂　五氣朝天
養生功法融融春意
非仙氣無以狀山川靈氣
真人但求自在　真容可觀

註：嶺中有介子推母子大型塑像。嶺上有十二座養生修行洞，因綿山的精靈之氣，吸引彭祖、王子喬、韋陀等在此修行。

張壁古堡

紅色條石龍脊街
能走出古意古味
樓　閣　亭　台　壇　堂　祠　宮
能顯出古風古韻

明堡暗道　千年古地道
立體三層　縱橫交錯
內涵攻　防　守　退　藏　逃
能不贊歎先人的智慧嗎

註：張壁古堡位於山西介休城南十公里的綿山北麓。古堡地下地道建於公元六一九年，爲隋末定楊可罕劉武周抗擊李世民所建。高層距地面一公尺，底層二十公尺，行兵道高二公尺，寬一公尺。地道功能卓著，設施完善，專家譽爲獨一無二。

交城玄中寺

北國佛門聖地
神州淨土祖庭
天王殿楹聯

牡丹花　鳳尾竹　花椒樹　紅棗樹
玄中四絕　數百年長青
清香蒽鬱　染映佛顏人面
人間穢土無盡
西天佛土潔淨

釋迦所以興出世
為説彌陀本願海
佛法有難有易
即誦　南無阿彌陀佛　六字洪名
三經一論　稱名念佛

即可　滅八十億生死劫難
得八十億微妙功德

禮一佛即禮萬佛
念一聲佛即同念萬聲佛

龍山頂上
白色秋容塔　格外耀眼
浮嵐氤氳中
石壁山　巍峨峭削如壁

註：玄中寺位於山西交城縣石壁溝口四公里的山窪裡，始建於北魏延興二年（四七二），北魏曇鸞初開基業，奠定淨土宗，道綽大師繼其業，並於唐初傳播於日本，日人視為淨土眞宗祖庭。唐太宗曾蒞寺禮拜，寺內有「高氏碑」，是古代女書法家罕有珍品。寺毀於宋金兵火，僅存寺外秋容塔，餘均爲明代及近代重建。

武夷山攬勝

山·水·茶

神仙曾到有遺蹟
天地已來無此山
元 薩都剌〈武夷山〉

溪曲三三水
九曲溪盤折山中
水秀清如玉
武夷靈性在於水

山環六六峰
三十六峰森列水岸
峰奇翠插天
武夷美感在於山

武夷情趣在於茶
岩骨花香 清 和 淡 靜
蘭芷甘露 香 雅 甘 活
總結 唐之煮茶 宋之斗茶
元之貢茶 明之散茶
清之烏龍功夫茶
二十有七 三九之道（註）
凝聚成 武夷茶藝

註：「武夷茶藝」的二十七程序：恭請上座、焚香靜氣、絲竹和鳴、葉嘉酬賓、活煮山泉、孟臣沐霖（燙洗茶壺）、烏龍入宮、懸壺高沖、春風拂面、重洗仙顏、若琛出浴（燙洗茶格）、游山玩水、韓信點兵、三龍護鼎、覽賞三色、喜聞幽香、初品奇茗、再斟蘭芷、品啜甘露、三斟石乳、領略岩韻、敬獻茶點、自斟漫飲、欣賞歌舞、游龍戲水、盡杯謝茶。

儒·釋·道

寓一體而各呈異彩
發千聲而共達天籟
現代　方留章

儒家稱為　道南理窟
碧水丹山　接伊洛淵源
山水清氣　開海濱鄒魯
心地功行　百代人文淵藪

釋家視為　華冑八小名山
佛堂藏洞穴　岩瓦雲扉
佛經東高閣　雲門三句
「此乃佛客平生夢想不到之處」(註一)

道家封為　第十六升真元化之洞
洞天仙府聞簫笛

煙霞深處　養氣養真
學仙學道　丹爐丹訣在

大儒　高僧　名道
過從甚密　相邀而遊

三峰連體　三花並蒂(註二)
三教同山　三教交融
武夷千載儒釋道

註一：居士李宗禕鐫於水簾洞語。
註二：儒·釋·道三教，就像武夷山諸多三座連體的山峰：三仰峰、三才峰、三層峰、三花峰、三髻峰、三教峰、三姑峰……互倚共存，相依齊榮，親如兄弟、和睦相處。

龍川大峽谷

仙酒詩夢難分
凡賢狂人混淆
醉吟亭柱聯

千層匹練　紅岩漱玉
觀音慈顏瀑布中現形
古樹寒藤　樹奇成景
獨木也成林
石中還抱樹
石尋幽夢擁樹眠

岩石象形　龜鷹成景
神蛙谷是風水寶地
三疊水聲洗心清
龜齡鶴壽　體味自然
方得延年三昧

原始森林公園

森林湧翠碧連天
大赤壁　綿亘三里
千尋凌碧漢
層疊似丹梯

水秀翡翠色
鳥聲伴泉鳴
石頭精美
水中會唱歌

香山行宜靜
情侶潭最多情
孔雀岩上噴珠灑玉
開燦爛水屏

註：公園位於九曲溪上游。山奇、水秀、林幽、瀑美。

青龍大瀑布

遠眺彷彿無源之水
水幕彌蓋　直通天際
青龍躍然青空
瀑布之水天上來
素練懸空舖展
「千峰競秀穿雲舞
　萬木崢嶸鎖翠煙」（註）
潭面千簇雪蓮
層疊盤旋　直搗谷底
遠近春雷動
上下一根銀釵刺
左沖右突
匯入桐木溪
玉溝一片雪浪翻
波瀾過後
清淺留人間

註：青龍瀑布崖壁詩刻，前人·佚名。
　青龍大瀑布，又名通天河瀑布，位於武夷山大峽谷生態公園西側。該瀑布全長二百多公尺，落差一二〇多公尺，寬處達四十餘公尺，一共三級，是階梯式瀑布。

九曲溪

楔子

武夷山上有仙靈
山下寒流曲曲清
欲識個中奇絕處
棹歌閑聽兩三聲
　　南宋　朱熹〈九曲棹歌〉

瑩瑩一水
折為九曲十八彎
曲曲山回轉
峰峰水抱流
人在清流上看山
山在水影中雲遊

九曲棹歌仙人詞
武夷精魂桃源情

註：九曲溪發源於武夷山自然保護區，全長約十九華里。溪流依山而流，溪水清澈見底，兩岸樹綠竹翠，奇峰突兀，各曲獨具特色。朱熹〈九曲棹歌〉的岩刻點綴在第一曲至第九曲的溪畔，猶如銀河之畔的璀璨明星。〈九曲棹歌〉岩刻堪稱詩歌、書法的聯璧之作。郭沫若先生〈游武夷〉詩中贊道：「九曲清流繞武夷，棹歌首唱自朱熹。幽蘭生谷香生徑，方竹滿山綠滿溪。六六三三疑道語，崖崖壑壑竟仙姿。凌波輕筏觴飛羽，不會題詩也會題。」

九曲

九曲將窮眼豁然
桑麻雨露見平川
漁郎更覓桃源路
除是人間別有天
南宋　朱熹〈九曲棹歌〉

山緩水靜　平疇沃野
峰岩清麗　出水芙蓉
山水初接處
郭璞曾留題簽石（註一）
白雲岩上白雲寺
雲深隱古寺（註二）
翠接空濛清氣
洞連極樂國

註一：《山海經》是最早記載武夷山的古籍，時稱「閩中山」。東晉·郭璞注釋《山海經》，是最早研究武夷山的學者。九曲溪頭，原豎有郭璞的「題簽石」，箋言爲：「黃崗降勢走飛龍，鬱鬱蒼蒼氣象雄。雨水護田歸洞府，諸峯羅列擁神宮。林中猛虎橫安迹，天外狻猊對面崇。玉佩霞衣千百家，萬年仙境似崆峒。」九曲是指從星村到幢岩附近的淺灘，是乘竹筏順流遊九曲溪的起點。

註二：白雲岩（靈峰）位於九曲溪盡頭，岩上建有白雲寺，已有一仟五百餘年歷史。白雲岩半山壁中有「極樂國」景點，明·徐霞客曾登臨遊覽。

八曲

八面風煙勢欲開
鼓樓岩下水潆洄
莫言此地無佳景
自是遊人不上來
南宋　朱熹〈九曲棹歌〉

峰迴水轉　奇石嶙峋
象鼻石　青蛙石
海蚧石　上　下水龜石
五光十色　參差錯落
青谿生態圖

鼓子嶺上
神仙擂靈鼓
嶺下道院遺址
嶺上道人遺蛻

嶺中虹橋板殘片（註）
芙蓉灘上
花香隔水聞
棧梯茅舍
就在武陵深處

註：鼓子嶺（峰），峰腰有石如鼓，擊之作響。嶺下有唐．王子欽建的石鼓道院遺址，峰的兩面岩壁上，有一可容數十人的岩洞，相傳爲吳道人修煉處，洞有小穴，內存有道人遺蛻。峰半腰原有楠木樓，係北宋．神霄派創始人王文卿（一〇九三—一一五三）修煉處。

七曲

七曲移舟上碧灘
隱屏仙掌更回首
卻憐昨夜峰頭雨
添得飛泉幾道寒
南宋　宋熹〈九曲棹歌〉

峽谷幽邃　峭岩環簇
三仰峰　三山神齊首仰望
仰幕老君玄道
三面大旗拓展
展示無限山光水色

天壺峰　天地既留此酒罈
山水真能醉人
天地山水既愛酒醉酒
吾人愛酒醉酒胡愧焉

六曲

六曲蒼屏繞碧灣
茆茨終日掩柴關
客來倚棹岩花落
猿鳥不驚春意閑
南宋　朱熹〈九曲棹歌〉

仙境靈跡天遊峰
丹崖翠壁摩雲霄
水清如玉見游魚

空谷傳音響聲壁
題刻縱橫　溪山第一峰
蒼屏峰北麓
隱藏幽深佳境小桃源

五曲

五曲山高雲氣深
長時煙雨暗平林
林間有客無人識
欸乃聲中萬古心
　　南宋　朱熹〈九曲棹歌〉

平川空闊　林木環擁
峭拔挺秀隱屏峰
松竹掩映武夷精舍
舟中尚聞翰墨餘香

突兀競秀更衣台上
王子騫更衣飛仙
石色凝翠　晚對峰下
洪源學堂留正氣
四方來學者雲集（註）
糲食澗飲
日以孔孟之道相磨礪
華夏民族不可辱
武夷自古避秦地

註：引自《崇安縣志誌》。熊禾（一二五三—一三一二）南宋末愛國學者，不仕元朝，在晚對峰左麓（與隱屏峰隔溪相望）築室起學堂，著書講學。曾有詩云：「長松擁歲寒，修林倚日暮。我自愛此山，躊躇不忍去。」隱含繼承朱子學說，弘揚正統的中華民族文化。

四曲

四曲東西兩石岩
岩花垂露碧㲯毵
金雞叫罷無人見
月滿空山水滿潭
南宋 朱熹〈九曲棹歌〉

危崖峻壁 東西相峙
半壁遮天 亭午吹涼風
碧水無漩 白晝雲水黯
東邊大藏峰 峰藏何物(註一)
雞窠岩內 千年稻草不腐
何時擱此 如何擱上
金雞洞中 鈞竿一根
漁翁乘月得龍梭
只釣深潭白龍

峰藏仙蜕 峰藏仙史
西邊仙釣台 昂然插天
釣仙姜子牙四曲犯難
拗斷釣竿 誓不垂釣(註二)
許碏台旁懸岩題詩(註三)
酒醉哼歌騰雲而去
十六洞天多仙事

註一：大藏峰以巨岩、幽洞、深潭（臥龍潭）三絕著稱，稱之爲「岩峰第一」。
註二：台似披蓑戴笠臨溪垂釣的仙翁，台旁岩孔中，插一根傳說被姜子牙拗斷的釣竿。
註三：《續神仙傳》、《武夷山志》載：唐・許碏曾在「仙釣台」岩壁題詩：「閬苑花前是醉鄉，踏翻王母九霞觴。群仙拍手嫌輕薄，謫向人間作酒狂。」

三曲

三曲君看架壑船
不知停棹幾何年
桑田海水今如許
泡沫風燈敢自憐
　　南宋　朱熹〈九曲棹歌〉

峰迴溪轉　雲崖深割
小藏峰藏架壑船棺
　　虹橋板居（註）
嵐光掩映隱約中
如輕舟凌空
似小舸入雲

風雨飄搖
不墜不毀不腐
莫知其所自來

可望而不可近
色類絳香　白亮如銀
亦不辨其為何物

仙人葬處　地仙之宅

註：武夷山是懸棺葬俗的發源地。虹橋板是岩壑、石罅間的橫插板，用以支架船棺。懸棺如何升置，迄今費解。屬於「天葬」、「風葬」、眾說紛云，迄無定論。懸棺葬族的認定有「夏代越族說」、「閩越說」、「武夷族說」、「客家族說」、「千越族說」等等。

二曲

二曲亭亭玉女峰
插花臨水為誰容
道人不作陽合夢
興入前山翠幾重
　　南宋　朱熹〈九曲棹歌〉

水碧鏡明　清麗低迴
秀水秀岩
雕就玉女峰
天姿絕色
九曲溪最傳神處
仙榜　仙館　石有仙氣
石方正如印
石形似骨梳
石圓如鏡妝鏡台

銜山描翠黛
峰頂山花參簇鬢角
水清洗胭脂
顧影自盼誰人不憐
「插花臨水一奇峰
玉骨冰肌處女容」（註）
用盡詩家多少筆墨
傾倒古今多少雅士

註：前人詩句，佚名。
「妝鏡台」位於玉女峰右側。溪旁有「印石」，「香梳台」，是玉女峰附近主要景點，點綴在玉女峰周圍，構成一幅絕妙的丹青。

一曲

一曲溪邊上釣船
幔亭峰影蘸晴川
虹橋一斷無消息
萬壑千岩鎖翠煙
南宋　朱熹〈九曲棹歌〉

九九歸一　大王雄風
大王峰既高且正
翠屏幔亭峰腰
漢武帝乾魚祭祀武夷君（註一）
似有仙樂千古聞

龜蛇玄武　真水雲天（註二）
善畫者　善詩者
能現此山此水仙氣耶
真人世上難遇
仙人飛昇無影
願學幽人住此山此水
呼吸真正仙氣

註一：祭壇在一巨石上，如今尚在，史稱漢祀壇。祭祀活動後代移至沖佑觀，祀典至清代尚進行。

註二：武夷山古越人認爲大地由大龜馱著浮在水上。漢武帝用乾魚（龜形木雕）祭祀武夷君。三仟多年前的船棺中，有龜形木盆隨葬。「蛇」是閩越崇拜的圖騰。閩越人像蛇般居岩洞中，神人是駕馭龜蛇的。郭沫若先生研究「虹」字，認爲「虫」就是「蛇」，「工」是一個人踏在「二」上，「虹」就是一個人踏在二條蛇上。而九曲溪就是一條大蛇。古人對龜蛇的崇拜，被道教演變成腳踏龜蛇的玄武神。

柳永紀念館

忍把浮名
換了淺斟低唱
何須論得喪
才子詞人
自是白衣卿相
南宋　柳永〈鶴沖天〉

雖然浪迹青樓
落個有才無行
婉約詞情天下咏之
風流才子　花前月下
瓣香酹酒
且奉旨填詞
詞唱慢吟　「六六三三」（註）
奇峰天上星宿物

九曲溪　通向九天
天河落人間
金鵝峰下一支筆

註：紀念館位於武夷宮大王峰景區內。
柳永（九八七—一〇五三）今武夷市五夫鎮金鵝峰下白水村人。他從小流連武夷山山水，其著名的〈巫山一段雲〉詞中；道出其本鄉本土「六六三三」的奧妙。「六六眞游洞」（三十六天界的神仙雲游洞天仙府），「三三物外天」（九炁合成的九天），柳永在詞中把道家隱語和民間傳說融爲一體。

按：道教稱神仙所居住的天界有三十六重，每一重都有得道的天神統轄，神仙按品位高低，分住其間。「炁」《釋文》；「炁，本亦作氣。」道教又把玄、元、始三炁，各生三炁，合成九炁，以成物外九天。

御茶園

帝王　享飲啜之福
茶農　雞狗竄盡山邊村
通天井已荒廢
照天燭依然高大蔥鬱

月澗雲龕之品
仙根石髓之流
似乎非得一啜
方盡武夷遊興

茶藝演繹茶魂
盡是深厚文化積淀
盡得碧水丹山精髓

註：「照天燭」指御茶園故址前兩棵高大的古楓樹。現有茶藝大樓，內有茶歌舞表演。

武夷精舍

倡明斯道　實始茲山
元・熊禾

朱子在此完成四書集注
當時武夷之巨觀
宋　元　明理學駐足之藪

「琴書四十年　幾作山中客」(註一)
「山中之樂　悉為元晦之私也」(註二)
朱子營精舍
果盡有山中之樂

註一：朱熹詩句。
註二：南宋・韓元吉語。元晦，朱熹字。當年「隱求室」、「止宿寮」舊址的殘壁斷垣現以玻璃罩護之。溪中朱子當年煮茶石灶，遺迹仍在。

雲窩

日月已更雲物異
題名盡沒翠苔斑
清 謝肇淛

雲窩看雲
白雲深處 生雲留雲
臥雲噓雲 人共雲閑
大小洞穴十數穴
石形互相變態
水鳥時棲石隙
總有閑雲傍石流
山嵐輕霧不掩
樵翁隱水棲山
親近天理談玄機

仙掌峰

仙掌一峰，墻天障海，鐵膚冰稜，如萬丈翠濤，天風吹之，宜為岩壁第一。
明 汪桂〈武夷山游記〉

青蒼大塊文章
石面又高又闊 亦光亦險
直上直下 刀切斧劈
壁立萬仞 未承寸土
渾然完整 無一裂縫
岩影倒映水中 黑水白蛇
雨水天光 匹匹白布披掛
仙人曬布
「十指春蔥積綠苔」（註）

註：宋·白玉蟾詩句。仙掌峰又名曬布岩。

茶洞

七峰環峙　五泉奔瀉
石門崢嶸鎖青煙
谷井幽微隔塵埃
仙人自古栽岩茶

仙浴潭香霧雪花
凡人已能窺視
仙人啜罷已歸洞府
尚留望仙亭

註：茶洞位於天遊峰下，洞中所栽茶樹乃武夷茶之源，傳說是仙人所賜。茶洞北爲仙浴潭，從天游峰頂飛落下的雪花泉匯集潭中。相傳皇太姥經常帶衆仙女在此沐浴。茶洞附近自五代始，就有隱者在此建寺蟄居。

其不臨溪而能盡九曲之勝，此峰故應第一也。

明　徐霞客

天游峰

胡麻澗蜿蜒飛湍（註）
仙人天游飲露餐霞
澗中甘泉　神仙胡麻飯
氣象萬千　群峰青翡翠
溪彎碧琉璃
山光水曲　一覽盡收
臨風一身如駕雲天遊
坐山觀雲無心而游於天

註：胡麻澗在天游峰東壁，妙高台西南飛湍而下，形成雪花泉瀑布。

桃源洞

喜無樵子復觀弈
怕有漁郎來問津
洞入口山門楹聯

回顧來處　並無門徑
桃源昔何似
此中疑與同
玉爐燒煉千年藥
正道行修益壽丹
蟠桃石上大壽字

唐朝高僧扣冰古佛曾在此棲身
抗元名臣謝枋得曾遁世於此
老子天下第一坐像
老子五千言　天下大書
天下大事　桃源人家棋中事

天成禪院

門內有人人至
洞中無物無逝
天然山門岩刻對聯

虎嘯靈洞　峰影如浪
極目皆圖畫
半壁綴禪院　不施片瓦
置身星月上
濯魂水雲中

岩壁觀音浮雕
香爐青煙溶雲煙
深谷山風醒人心

註：禪院右壁下有「語兒泉」，昔年泉水如小兒牙牙學語聲，濃若停膏，啜之有軟順意。

一線天

石室陰幽卻朗然
仰窺長罅見清元
不知誰把如椽筆
畫出光明一字天
　宋　蔡公亮〈一字天〉

岩體縱裂一罅
漏入一線天光
天光映一道晶瑩如玉的泉水

峭崖出三洞
洞裡勒「玄岩」二字
象外無窮意
都在先天一畫玄意中
有玄有三　道生一　一生二
二生三　三生萬物

樓閣岩

一〇八個大小洞穴
自然錯落　儼然岩壁上
階梯盤旋而上
門窗節比開啓
仙人居住的洞天耶

岩塊臨澗疊疊
像一道天然的關隘
一座天生的門户
岩塊似谷堆
劉伯溫修煉辟谷處耶

註：樓閣岩位於一線天對面，亦稱「蜂窩洞」，
山民謂之「神仙樓閣」。
劉基（一三一一－一三七五）字伯溫，明初
學者，相傳曾在此處修煉「辟谷」。

天心永樂禪寺

大佛字　九九大吉
大彌勒佛坐像
化一岩為一佛
到此般般放下
從此步步高昇

天心永樂　天心明月
禪寺名天心
心即是佛　我是佛

註：山門至禪寺途中有鐫刻康熙御筆「佛」字，高十一公尺，寬九公尺，面積九十九平方公尺，取九九大吉之意。「彌勒大佛」位於天心公路第一彎旁，利用天然岩石雕成。大陸目前最大的一座彌勒佛像。「我是佛」，佛光山星雲大師語，意謂只要認定自己是佛，就會期許自己跟佛一樣。

九龍窠

岩峰嶙峋　九龍欲騰空
岩壁茶王　大紅袍
三紅七綠　石乳顯霞光（註）
九道沖泡　活　甘　清　香
驚蟄日茶發芽
喊山台上祭茶神

註：「三紅七綠」，指的是葉緣紅似朱砂，葉片綠如寶石，茶湯深澄而鮮麗。「石乳」則為元代武夷岩茶的名稱。「大紅袍」極珍貴，每年僅採數百克，採摘時舉行古禮祭典。一九九八年八月十八日在武夷山第五屆岩茶節拍賣會上，二十公克的「大紅炮」，價高達一萬五千六百八十元人民幣。

流香澗

墜葉浮深澗
飛花逐急湍
前人　佚名

澗水迴流進入清涼境
澗繞流香心洗滌
澗旁蒼岩逼側
芳草青藤叢生
山蕙石蒲點綴
山風穿峽　落英繽紛
飛香飄灑　相隨不捨

註：原名倒水坑。源出三仰峯，自南向北流至章堂澗。明．徐通遊澗不忍離去，改名「流香澗」。清．釋如痴贊語：「水有斷澗之聲，罄無漏雲之隙，此行者，彷佛天門設於平地。」

慧苑寺

流香澗水為吾女
慧苑翠竹是我師
慧苑寺楹聯

儒家風格的門廳
佛家氛圍的正廳
道家韻味的經閣
佈置很像民居院落
就像在家修行
雲留澗谷　風拂林巒
與天與心與靜為徒

註：寺前臨流香澗後依玉柱峰。朱熹曾宿寺中，寫下「靜我神」匾（現存武夷山博物館）。「客至莫嫌茶當酒，山居偏與竹爲鄰」的朱子詩句。尚懸正殿廊柱。

鷹嘴岩

巉岩渾然塊然　巍然兀然
尖曲如喙　形似鷹嘴
嘴上一株刺柏似鷹鼻隆起
飄逸似黃山「夢筆生花」

雄鷹曾是魔鷹
滿身瘡痍應已得到報應
山水佛法洗禮
有朝一日　搏擊長空
扶搖九萬里

註：武夷山最奇特的岩峰。傳說魔鷹常為非作歹，侵襲到山中踏青的仙女，被天神派雷公捉拿治服，墜落在山北章堂澗旁，成了下鄂被雷公削掉的奇談傳說。

天車架

威武之師太平軍
圍攻半月難登臨
活鯉扔至懸崖下
大軍退去見朝暾

現代　胡文明〈天車架〉

石色赤紫如半天朱霞
巍峨綿長如城垣雄峙
圍欄吊架如半空樓閣

懸崖泉在灶
深穴石為床
懸空古崖居
洞府藏百人
鮮活鯉魚解重圍
岩刻言之鑿鑿

水簾洞

今古晴簾終日雨
春秋花月一聯珠
明　胡文翰

拱形丹崖　千尋赤壁
一道飛檐　遮住半邊天
兩股飛泉　飛舞垂檐
游龍噴射龍涎　疑是晴天雨
微風吹動　化為水珠
兩幅珠簾　明珠萬斛搖曳
飛泉入池　如雪浪花
一條小白龍　池中翻騰戲浴
水簾晴雨　千絲不斷
倏東倏西　乍分乍今
山中最勝之境

三賢祠

石屋雲開見大地山河三千世界
水簾風捲露半天樓閣十二欄干
水簾洞楹聯

劉甫先生石室講學傳道
先生不為石屋前的終日雨霧所迷茫
穿透迷霧見雲開
樓閣欄干不為風雨所動
劉子翬先生常入武夷山尋幽
登臨豈不佳　未忘天下憂
魂牽國事　歸夢水雲間
朱熹先生水簾洞讀書
會得古人心　開襟靜無語
百世如見　活源飛空

幔亭峰

天上人間兮會何稀
百年一瞬兮事與願違
人間可哀曲

天宮曾只咫尺
虹橋曾通人間
五色朝霞化錦布彩亭
神仙可學乎 應非身外
翠岑流漾 松竹連雲
落日流霞 似有簫鼓聲
幔亭峰上曾演出
武夷仙凡大事

註：傳說秦時皇太姥、武夷君、武夷十三仙曾在此設幔亭宴會鄉人。

大王峰

六六群峰拱
應推仙壑王
前人 佚名

其一

頂大腰細 四壁陡峭
形似古時紗帽
端莊雄峙 具王者威儀
屹然天一柱 朱子以峰自範
徐霞客先生 詫而矚目
天上銀河有 牛郎織女
人間武夷有 大王玉女
仙凡戀情 何所比興
何以淒美居多

其二

從徐霞客先生入山處登
直上直下
寬僅尺許的裂罅處登
腳踏石孔
側身攀梯而登
岩壁似蝦背　上不見頂
　　　　　　下見深淵
耳畔風聲呼嘯

登頂眼觀八方
奇峰曲水　田野人家
眼底錦繡境無窮
天地掌中大觀
飛煙擁霧　景物倏忽變化
世事亦是如此然
不登大王峰　有負武夷之遊

止止庵

庵名止止誰知止
我亦庵中悟止人
啼鳥落花春意足
滿天涼露月華新
　　現代　江一源〈止止庵〉

三面穹壁　溪水會於前
不深而幽　不高而敞
不見黃冠布袍
更何論鶴與猿
洗新仙迹有日
養氣在勤　學道不晚
心清在此　止其所止

註：遺址位於大王峰麓，昔年山中羽客求仙成仙的福地。未留一瓦一磚，近年已重建。

五夫古鎮

四壁青巒擁萬峰
潭溪籍水匯川泓
蓮池十里花映日
綠苗千頃弄曉風
現代　佚名

紫陽樓

牆縱馬頭　院呈四合（註一）
屏山湧青翠
古樟春容葉敷（註二）
文公立義以理　學達性天
神明內胦　理氣輝耀
鳶飛魚躍　天心明月
源頭活水起處
樓前半畝方塘（註三）
猶是哲理之鏡

註一：紫陽樓建於南宋紹興十四年（一一四四）是劉子羽為朱熹母子建造的居室，朱子與家人在此居住四十餘年，朱子有〈憶往潭溪舊居〉詩云：「憶往潭溪四十年，好峰無數列窗前。雖非水抱山環地，卻是冬溫夏冷天。繞舍扶疏千個竹，傍崖寒冽一泓泉。」一九九九年在原址按舊式復建。

註二：樓附近有古樹林，其中有朱子手植香樟樹，已歷八百七十餘春秋。

註三：樓前有方塘，朱子曾借方塘題有〈觀書有感〉詩：「半畝方塘一鑑開，天光雲彩共徘徊；問渠那得清如許？為有源頭活水來。」揭示讀書要追根溯源，找到知識的源頭，才能融會融通。

朱子巷

鵝卵石路　巷形三曲
古屋高牆夾峙
千年歷史的簡陋叉巷
留下朱子數十萬個足迹的古巷
朱子當年從此巷走入師門
朱子從此巷走出傳播理學
朱子巷　通向理學殿堂之巷

註：古巷建於五代十國南唐時代（九三八—九七五）朱子居紫陽樓時每次外出都要經此小巷。原長三百多公尺，現尚存一三八公尺。朱子理學核心是「天理論」，理不依賴任何事物，是宇宙根源和氣聯繫，理攝萬理，萬理歸於一理。理與萬理是「理一分殊」的關係，如佛家所說的「月印萬川」。

興賢書院

東南出孔丘
南宋有朱熹
中國古文化
泰山與武夷
現代　蔡尚思

石坊精巧　石磚細縷
朱子在此　聚徒弦歌
闡揚洙泗心源
集大成而緒千百年
傳承伊洛淵源
千古敏以求性天

朱子一生　繼往開來
著書立說　講學立道
此地就是　禮門義路

大峽谷漂流

峽隨溪轉　溪抱峽流
山水人舟一體
峽壁擎天　岩岫翠鮮
奇石怪象耐看
有時水清鑒毛髮
　魚石相映成趣
有時又湍急灘險
　懸瀑漱石
浪過飛舟　擊濤搏浪
跌宕起伏　考驗膽識
華東第一漂

古粵漢城

福建上古文化的遺澤
閩越先民發展的軌迹
閩越文化和中原文化交流融合的概貌

現代　梁樹邦

枕山抱水　因天材　就地利
左祖廟右社稷　宮殿居中
干欄式架高的主殿
陶管道的大小曲直排水系統
浴池有取暖設備
華夏第一古井　清洌尚可飲
高台鱗次　溝塹宛然
卵石古道　綠苔舊時生
台階玉璧紋　壁畫彩繪痕
可憐漢武帝一把火的江南第一古城

城村民俗村

前有錦屏高照
後有青獅托背
左有寶蓋懸崖
右有銅閘鐵閘（註）
古閩越城邊上的古村莊

一古樟樹　二樓　三祠
四亭　五碓　六渡
七牌樓　八景　九廟
三十六巷　九十九井
百餘幢明清民居
建築和裝飾都是特色和藝術
閩越原始意境的古樂歌舞
每日村口定時演出

註：城村俗諺。山圍四面水繞三方，古村有天然的山水格局。

武夷碑林

漢字橫看亦是圖畫
天馬行空　揮灑皆成意境
理學的道　岩茶的韻
禪說的悟　仙家的玄
碑刻大塊文章有真情

茗茶軒品茗
聞香玩色　茶煙細蒸
蒸出巖壑幽趣

碑林　書藝　文藝　茶藝
　　可觀　可讀　可品

註：碑林位於星村竹筏碼頭附近。內有目前大陸最大的臥碑，氣勢宏偉，照壁、百米長廊，心碑迴廊等亦足可觀。「茗茶軒」，碑林內茶室名。

西嶽華山

大觀

其一

華山　天險不可升
華山如削　天劍削成
削成四方　削成蓮花
刻削崢嶸何壯哉
華山如立　秩尊列嶽
峻極於天　峻極穹蒼
石壁傑堅而雄竦
華山　奇險天下第一山

其二

華山　洞天石室一二八處
神仙洞府　豈能尋覓
似在虛無縹緲間
異景奇花不可名
真人才能隨意出入
修真洞室　豈有常人
樓台象外生
常得神仙旨
洞通另一個世界
「吾聞道士登華山
則長生不死　意亦願之」（註）

註：戰國《孔叢子》載魏王對孔鮒言。

西嶽廟

山前古寺臨長道
來往淹留為愛山
唐　元稹〈華嶽祠〉

廟門正對主峰　帝王望祭
欞星門　九條龍頭
灝靈殿　九五之尊
五嶽石　天下第一碑
五嶽第一廟
陝西小故宮
代代山河情　悠悠歲月夢
萬壽閣上　山河在望
思山河壽期
華嶽齊天壽

黃甫峪

秦昭襄王施勾梯由此登山
李白攜長瓢酒壺合琴瑟由此登山
秦王龕　龕迹可尋
李白醉酒潭　潭清晏波
雲響真訣　山飛清氣
黃蘆子　黃龍潭修煉
月兒崖　月色鐫太極
飛索鐫長空
當空躍進　白雲峰第一門（註）

註：北峰第一坊名稱。黃甫峪在華山峪東，是最早的登山徑，一九九三年開通公路，一九九六年由黃甫峪月兒崖附近瓦廟溝至北峰開通架空纜車。又黃蘆子，戰國名士。

北峰

「華山有險峻挺拔的武俠味道
有仙氣　有靈氣」(註一)
峰頂　金庸先生
「華山論劍」石碑一通
「劍能斷貪嗔　斷煩惱　斷色欲」(註二)
論劍最上乘者
養性修真　降魔衛道
修煉劍術　亦可成仙(註三)

北峰峰頂
先天元氣鍛熔沖
只見劍光不見人

註一：現代．金庸先生語。
註二：呂洞賓語，引自《歷世眞仙體道通鑒》。
註三：《眞龍虎九仙經》將劍仙列爲九仙之上乘。

擦耳崖

崖到天外尚擦耳
山落雲頭自磨肩
現代　雁南

崖下依然水石不辨
崖上青苔滴翠化霧
險道懸徑　閑步逍遙
一路煙霞松風

前去「仙人砭」
天台路上行　誰不神仙
前去「上天梯」
登天有路　青雲直上天外山

註：擦耳崖指北峰到天梯下的一段險道，昔日路不盈尺，現已加寬，側身即無虞。

日月崖

紫暉獨佔
日月並來
現代 雁南

日月圓形 宛然在壁
紅白宛然
日月光華 燦然精象
雲山弧光 耀然天地
白帝金元洞中坐
羲皇洞中易術傳
日月為易 恍惚有物
崖頂萬籟齊鳴
蒼龍天際游
乘風破浪望帝鄉

註：日月崖位於「上天梯」北側，一崖如巨石矗立，四周無依，形如塹塊，大有一觸即潰之勢。崖東鑿有「金天洞」，洞中原奉華山神白帝少昊神像。隋代馮翊武鄉（今陝西大荔）人楊伯且曾隱於洞中，自稱在洞中受羲皇所授教之《易》，是道家易學聖地。而崖壁之日月圖形，契合古人「日月爲易」的思想。又站在崖頂有如站在鐵達尼號船尖，但見「蒼龍嶺」蜿蜒入雲。

王母宮

蓮花峰下鎖雕粱
此去瑤池地共長
好為麻姑到東海
勸栽黃竹莫栽桑

唐　李商隱〈華山題王母祠〉

王母娘娘吉祥神
「母養群品」相
掌管不死仙藥
女子登仙者咸所隸

宮前問天處　日月並來
溝壑風潮　翠浪洶湧
壁畫蟠桃會　青燈常照

註：宮在「日月崖」南。傳說西嶽華山至妙精氣化而生王母娘娘。

蒼龍嶺

背無一仞闊
旁有萬丈垂

明　王履〈登蒼龍嶺〉

嶺下望嶺上
勢若游龍　脊若仰刃
嶺上望嶺下
魂魄若墜　隨風吹散

嶺上行走已安泰
石欄索若長纓
霓虹在握　矯龍在御

註：清·畢沅於乾隆年間任陝西巡撫時，開鑿整修蒼龍嶺於路旁架石欄索，安全大增。嶺上景點有「韓愈投書處」、「雲海」摩崖等。

都龍廟

河漢汪洋江湖滔滔波浪湧
雲霄雷電霹靂震震霈霅霖
都龍廟楹聯

龍君怒目圓睜
隱坐片狀石壁中
東海渡臣 攜西天靈雨
持節雲霓 垂旒瓊處
龍君鬚髭飄拂
督促蒼龍康復
煙烘浪掩 雲雨有常
廟後岩花鋪錦
古松蒼鬱密如林

五雲峰

松青楓丹 一山秋暉化翡翠
曙飛霞蔚 五色雲靄墜崢嶸
五雲峰楹聯

五峰齊天壽
峰景奇如畫
石似戰馬脊粱（註）
紅窩內收如坎
丹青相間
狀若合和二仙
松多古虬森鬱
雲多祥態聚瑞氣

註：石在五雲峰雞換架北。傳說周武王伐紂班師後，刀槍入庫，馬放南山化爲此石。

金鎖關

車廂入谷無舊路
箭栝通天有一門
唐 杜甫〈望嶽〉

當空一鎖
鎖過眼煙雲
鎖住蒼龍 唯恐飛去
錦雞已化石雞
點石成金的丹經秘訣
還在石函中耶（註）
此關即通天門
過關又是一重天

註：「錦雞守玉函」係金鎖關下著名的象形石景。

仙掌岩

昔聞乾坤開 造化生巨靈
右足踏方止 左手推削成
天地忽開坼 大河注東溟
遂為西峙嶽 雄雄鎮秦京
唐 王維〈華嶽〉

石髓凝結 天然流痕
岐出如指掌 中指貫頂
掌上半輪如月
光可鑑人 時有紅霞
長記巨靈推山排洪事
看巨掌擎天撐地
杞人不再憂天
掌開洗日浴月
世人笑看青山

中峰

引鳳臺

曾聞秦帝女　傳來鳳凰聲
是日逢仙子　當時別有情
人吹彩簫去　天借綠雲還
曲在身不返　空餘弄玉名
唐　李白〈鳳臺曲〉

公主弄玉癡情
非善吹簫者不嫁
隱士蕭史簫聲
百鳥　仙鳳　亭中聽簫
玉女何在
只見青山多嫵媚
蕭郎無踪
唯聽松風傳天籟

玉女祠

翠岩石瀑作妝台
石臼水清曾作鏡
曾照玉女新妝

石龜仙苑
背是大殿　腹是石室
絕粒辟谷
異氣煉形神仙事

註：中峰峰頂有巨石形似龜，玉女祠大殿建於龜背，龜腹下有一天然石室，傳係秦穆公之女弄玉公主修煉處，即玉女石室。歷代多為坤道（女子）棲居，不乏高貞。《登山記》云：元末女冠韓道姑修煉行此，死後三十餘年肉身端坐不腐，且皮膚仍有彈性。

東峰

雲梯

倒坎崖鑿石級垂索
陡過九十度
險況高度遠過「上天梯」
挽索而攀　屈身求索
隨索擺動　心隨索飄
面達摩壁　摩腹仰身
登雲駕霧　登如攻城
策風凌雲心掛天邊
志在峰頂朝陽

朝陽台

東峰觀日雲欲開
榮光煥發天際來
現代　孟廣源

峰薄雲漠　如走泥丸
又如波濤
「海水朝陽」（註）
天外開海曙
門泊滄海　依稀海聲
天風山風酉海風
古松盤根抱石　虬枝成林
萬象森羅朝陽台

註：天朗氣清之晨於台上東望旭光蒸騰，放射於大河水面，金光閃動，絢麗奪目，名曰「海水朝陽」。

棋亭博台

雲中轉轉試勾梯
棋路分明似界畦
便欲與君修一局
只愁石爛水流西
明 袁宏道〈博台〉

台上方石 神仙下棋殘局
棋落星月升 枰翻眾鳥飛
勝負不關神仙事
榮辱總有收場時

雲聚雲散 棋局猶未散
欲知棋局究竟
且先學鷂子翻身(註)

註：面壁垂索，半空翻身換足，才能到棋亭。

南峰

長空棧道

不敢問蒼穹 且作壁上觀
背空虛行 九節懾懾椽
「小心 小心 九里三分
要尋屍首 雒南商州」(註一)

一松側橫 形若盤龍
「全真崖」 朱紅大字若游龍
賀老如何手書(註二)

其非御虛者而不能為
似非凡夫所能攀
只有真人才能棲

註一：華山俗諺。長空棧道爲華山第一險。
註二：相傳是元·賀志眞（華山派第一代宗師）所鑿刻。

避詔崖

九重寵詔
休教丹鳳銜來
希夷先生一片清心
都被白雲鎖住

崖上松檜無雜樹
意氣自清
崖下風聲無雜音
洞中恒靜

松根如椽
崖骨玉蓮花
花樹不掩洞門

註：南天門向北，東側石壁成倒坎，傳說陳摶（字希夷）避宋太宗詔請，避居崖下壁間小石洞中。

仰天池

「天下絕無沉魚面
太華獨有落雁峰」
峰頂一池仰天
唯天在上　無山與齊

「仙天外景」　歸雁常憩於此
「沐浴日月」　「太虛同游」
「高尋白帝問真源」（註）
此水即華山真源
老子常汲此水煉金丹

綠波終年洗流雲
天眼　天鏡照乾坤

註：唐·杜甫詩句。池位於華山最高峰南峰峰頂，天然石凹，四季不竭。又「　」中係池四周摩崖石刻句。

迎客松

一松孑立　「萬象在旁」
諸峰羅列似兒孫（註）
「目空萬里」　「髮際青天」
袖拂八百里秦川
「峻極於天」　「頂天立地」
吐納十四州煙雲
一覽眾山小
迎客「登臨出世界」

註：明．王履〈南峰記〉載：「最高處，一松孑立，余依松望，信乎『諸峰羅列似兒孫』（唐．杜甫〈望嶽〉）即指此。」迎客松位於仰天池西，虬曲蒼勁，躬身伸臂作迎客狀。又「　」中句，係迎客松四匝摩崖石刻。

煉丹爐

外藥原來與內同
仙人煉氣此岩中
千年丹爐依然在
一竅能通造化工
　明　王來賓〈煉丹爐〉

太上老君煉製金丹處
到此可問無為道
斯爐可煉內外丹

天地大道無為而無所不為
柔弱貴生清靜能與道合真
金丹物可服非常物
五千言可道非常道
道觀四周　五角紅楓
紅葉丹爐　相映成趣

西峰

為愛西峰好　吟頭盡日昂
岩花紅作陣　溪水綠成行
幾夜礙新月　半山無斜陽
寄言嘉遁客　此處是仙鄉
北宋　陳摶〈西峰〉

蓮花洞

洞上石葉石蕾石瓣綻放
一松如華蓋冠頂
開洞道士名字
三十六尊神像
雖已被刻意鑿毀破壞
洞外題刻　芙蓉花痕
依然靈有羽人迹

翠雲宮

翠雲飛落蓮花瓣中
宮納祥雲生
層樓依勢盤中天上
溢滿蓮花香
斗姆感應蓮花生九子
星漢燦爛　若出其理

註：宮位於西峰蓮花峰中央，站在宮前，如置身蓮花瓣中。爲諸峰中香火最盛者，不知始建何年。宮中供斗姆，她是北斗七星和天上衆星的母親。星宿有掌管人間禍福生死的職能。在道教中，斗姆是僅次於三清道祖的尊神。

斧劈石

仙踪可辨　聖女曾縈劉郎夢
神斧在懸　青嶂猶聞霹靂聲
翠雲宮楹聯

三聖母幻化成形
石上留仰臥印痕

仙家寶斧　七尺有五
賜於沉香　劈山救母
神鉞破石驚天(註一)
「只道聖女罹難　何究是真是假
權作沉香試斧　姑且人云亦云」(註二)

註一：斧劈石印係神話「寶蓮燈」故事發生地點。大石旁插有一丈多長的月牙形鐵斧。
註二：現代・雁南楹聯句。

摘星石

石高可留雲　青天一握
石位西峰巔　凌空石開
西峰齊削而下
直到華嶽根底

西北「守身崖」
厲風不寒而慄
臨危當守身守心
有所為　有所不為

註：石在西峰最高處。「守身崖」在摘星石北，崖口東向，寬僅容身，本名「舍身崖」，改名守身，取險絕惜命之戒也。西峰淋漓盡致地表現出刀削斧截，陽剛挺拔的地形特徵。

鎮岳宮

岩嶢鎮岳宮　直壓風雲頂
爽氣豁金天　澄泉涵玉井
清　桑調元〈鎮岳宮〉

松林蔭翳　瑤草結環
四時淑氣　無一面不當山
「玉井」曾有千葉白蓮仙人種（註）
傳說井水通山下玉泉院
宮前大將軍樹
猶唱大風歌
樹皮顏色顯閱歷

註：唐・韓愈〈古意〉：「太華峰頂玉井蓮，花開十丈藕如船。冷比雪霜甘比蜜，一片入口沉痾癒。」

御道

石屏御道鳥飛回
漢帝親封玉簡來
明　劉伯溫

膽大無險過險道
乘龍攀雲尋帝踪
天淡雲閑　古今無殊
仙家事業帝王夢
石臼漢唐遺迹耶
煙樹千秋　石苔不紀年
帝王一點企仙心
真心叩問白帝

註：傳說漢武帝、唐玄宗均經此道登華山。

三元洞

洞裏相倖天地水
太極抱一涵三　眾妙之洞
「惟三聖人　乃一太極」(註)

天官賜福　堯道順天
地官赦罪　舜道法天
水官解厄　大禹治水

洞天日月　吉祥如意
自成格局　風景典雅

註：引自《三官寶誥》
三元洞位於御道旁，內供三官，鑿於明初。三官大帝掌管天、地、水，亦稱三元，顯化爲堯、舜、禹。近代曾爲邵文玄先生測量太華地形製圖處。

老君犁溝

青牛記否函關路
犁溝可藏道德經
石階對聯

老君吆牛耕山道
如意化為犁鏵
踏空而行　扶犁開此道
犁開一元混沌天地
犁出一番春華秋實

犁溝「離垢」　爬耶　行耶
從此離卻垢氣
紅塵俗念皆休

天上本無稼穡事
無怪臥牛石閑臥

群仙觀

白岩旁嵌屋　凌空架樓閣
雲起廟微露　儼然圖畫中
前人　佚名

觀前松蔭　觀內几淨
山色清心「抱真」來
純陽呂祖琴心道學

一片清心與太虛
「除此更無餘個事
一壺村酒一張琴」（註）
久居也成仙

註：呂洞賓〈琴詩〉中句。觀原名白雲庵，在車廂峪口。大殿建於岩壁中，石洞內有神龕，供呂洞賓。又自古華山道流多擅操琴。

百尺峽

幢去峽復來　天險不可瞬
雖去百尺峽　一尺一千仞
明　顧端木

巨石如魚脊
夾在兩壁間
眩視不可數
兩壁欲合攏
驚心石　驚心動魄
平心石　平心坦然

「百尺奇鋪登天路
一嶂高懸爭上圖」（註）
天峽雖險　山無絕人之路

註：現代　雁南楹聯

千尺幢

險光一線開　窄縫夾青天
躡足先妨膝　扳崖側用肩
明　閻爾梅

陡峭槽型如刀割鋸截
鐵索長纜如天垂天梯
仰望如一線天開
青天召喚
天雲天為岸
俯視如臨深井
天井天邊開
天井如小小天窗
幢閣鎖險　太華咽喉

毛女洞

人傳毛女洞　時聞毛女琴
欲訴秦宮怨　空山多眾音
清　顏光敏

秦時麗人　荒嶺寄情
驪宮遺恨　當年舊事
撥弦長歌　阿房宮夢幻

「綠毛鬖編為衣裳
拜斗壇前夜未央」（註）
華山奇山峰峰有故事
毛女故事最哀婉怨切

註：清．李汝榛〈拜斗台〉詩中句。毛女名玉姜，是秦始皇從楚國徵集的宮女，爲避殉葬逃隱華山。她飢食松籽，渴飲清泉，日久體生綠毛。每日朝拜北斗，遂升仙而去。

希夷峽

明山佳氣郁嵯峨
望里風煙暗薜蘿
萬迭春開綠錦障
一淙清下白石窩
明 康海〈望希夷峽〉

陳摶坐化處
玄洞仙蜕 雲樹生香
煙霞隨意豈計年耶
青山常寐水常流

老君試鑿穴處
方穴似齒開 鑿痕勝迹
陳摶老君化身耶
陳摶手書「壽山」
亦書亦畫 虬龍書畫

玉泉院

從此登極峰 看玉女蓮花孰好
歸來想世路 覺蒼龍犁溝猶平
近代 孟均夫

大觀

蓮峰收繞雲靈秀天賦
玉泉藏高士大道自然
玉泉院楹聯

泉因井名
泉自「玉井」流起(註一)
院因泉名
泉從純精念來(註二)

迴廊七十二物侯窗

大道包羅周天萬象
「太素石」上洪荒山色
清涼千秋睡意(註三)

註一：傳說古時院內泉水與山頂鎮岳宮內的玉井潛通，頗有神秘情趣。

註二：道書云：玉之佳者，資質純白，可澈爲水，名玉泉。《太玄寶典》：「玉泉者，至精之生髮也。」古人取其義用以形容院內古泉的清冽甘爽，道院遂以得名。

註三：玉泉院原爲陳摶修行處，宋·皇祐年間陳摶弟子賈得昇爲其師在此建祠院，歷代旋廢旋興。清·康熙四十二年曾毀於洪水，乾隆四十二年華陰縣令陸維垣重建，繞以周垣，始具今日規模。

石舫

似舟非舟　似屋非屋
意止則止　意行則行

現代　雁南

雕樑畫棟　穿過花世界
曲棧勾通　划破水雲天
繫纜不航
因愛此處　泉林情懷
合於道妙
不曾掛帆
惟恐他處　遠離名山
難仰仙踪
清風徐來　道氣滿舫中

山蓀亭．無憂樹

山谷有幽蘭香草
遺散哲人憂思
人間有處士不俗
趣在放浪山水

亭上聽山風天風　能解頤風
樹下無憂看浮雲
雲自無心　樹無人憂

奇樹倚亭催解憂
坐得無憂想
無憂方得起亭意

註：山蓀即山谷中的幽蘭香草。亭是陳摶親建，清代重修。亭下無憂樹是陳摶手植，千餘年依舊新枝歲發，生機盎然。

希夷睡洞

「昏昏黑黑睡中天
無暑無寒也無年」(註一)
先生隱於睡
天下無事　一睡千秋

「青年已識函關路
白鶴高眠華頂松」(註二)
先生能不乞睡乎

濃睡老日月　原個無事
睡足太古情　遺夢太極
先生睡仙
無日不獨睡

註一：明．馮夢龍〈題陳摶〉詩中句。
註二：現代．閻智亭對聯句。

希夷祠

開張天馬岸
奇逸人中龍
北宋　陳摶

隨意曲肱皆樂事
先生終生不肯仕
「無心享祿登台鼎
有意學仙到洞天」(註一)
先生以山水為樂
「山色滿庭供畫幛
松聲萬壑即琴弦」(註二)
嗜睡原是忘機
先生修養境界
推溯界外真源

能逆知人意　逍遙物外
圖說開啓理學先天(註三)
「道崇清妙」不可思議

註一：北宋·陳摶〈答使者辭不赴召〉詩中句。
註二：同註一。
註三：陳摶字圖南，號扶搖子，安徽亳州眞源人，唐末五代及北宋初道教宗師。《道德經》十四章：「視之不見名曰夷，聽之不聞名曰希。」宋太宗賜號希夷先生，並御賜詩：「曾逢毛女話何事，應說巨靈開此山。濃睡過春花滿地，靜林中夜月當天。」陳摶擅道家內煉丹道而隱於睡，常一睡累月不起，世稱睡仙。先生精先天易學，傳河圖、洛書及無極、太極之圖，爲道教學術集大成者，開宋、明理學先河。譽爲：「闢洛之先默持儒道，羲皇以上無此達人。」

陝西(西安)名勝古蹟

小雁塔

塔身逐層收捲
塔頂像駝峰
四裂三合　神秘離合
苔花空寂　古槐影團
縹緲清溢一聲鐘
長樂鐘聲　依然頻頻薦福

註：小雁塔原稱薦福寺，唐睿宗時建，現存殿閣均爲明清時建，僅塔爲唐時舊物。寺鐘樓有一金章宗時鑄大鐵鐘，「雁塔晨鐘」爲關中八景之一。塔題記明憲宗年間塔曾遭地震震裂尺許，武宗時再震，一夜之間竟被震合。

大雁塔

雁即菩薩化身
三藏法師建塔
安梵本三藏貝葉經
塔內法師的功德生活場景
法師西天取經第一人
大堅毅　大慧覺　大慈悲
真脩持　真功行　真信仰
業績如彩雲拱日
釋門偉器　佛門千里駒
大唐三藏(註)
法師獨有的尊稱

註：「三藏」，佛教典籍的總稱，義近「全書」，計分經、律、論三部份。

曲江闉闍

詠詩終不厭
還似曲江頭
唐 許棠〈題汧湖〉

唐風習習又吹起
塔影唐詩韻　雁塔詩會
詩的故事　故事的詩

曲江水滿花千樹
花天酒地神奇處
四季覓詩曲江頭
曾是長安詩情最多處
曾有風騷盛事二百餘年

註：唐·曲江池位於大雁塔東南約一公里許，現闕為廣場，有詩人塑像、牌坊等。「闉闍」即天門。

大明宮遺址

麟德殿

武則天在此設宴款待
日本遣唐使
唐代宗在此歡宴
神策軍三仟五佰餘人

「共喜拜恩侵夜出
金吾不敢問行由」（註）
唐代官員以能出席
麟德殿宴會為榮

註：唐·張籍在寒食節赴宴後詩句，表達其欣喜的心情。大明宮遺址位於西安市東北，是唐王朝朝會之所，統治中心和國家象徵，後毀於朱溫之亂。

含元殿

唐高宗平定高麗後
在此受降俘
唐肅宗收復長安後
在此大閱諸軍

「太階三重」「玉階三級」
氣勢恢宏的大明宮正殿

「九天閶闔開宮殿
萬國衣冠拜冕旒」(註)
等級森嚴　形式繁瑣
皇權顯赫的大朝會舉行處

註：唐・王維詩句。含元殿是皇帝舉行外朝大典，改元大赦、冊封、受貢等重要活動場所。遺址基本面貌已對外開放。

鐘鼓樓

西安有個鐘鼓樓
半截插在雲裡頭
俗諺

叩鐘通報「吉時」(註一)
得吉日　不如得吉時
吉時固可聞也

入暮擊鼓八百槌
「文武聖地」「聲聞於天」(註二)
鐘聲鼓聲聲似開元盛世聲

註一：一日中之「吉時」指巳時(九至十一時)、午時(十一至十三時)、未時(十三至十五時)。

註二：鼓樓乾隆御賜橫匾，毀於文革。

青龍寺

寺好因崗勢
紅葉滿僧廊
唐　朱慶餘〈題青龍寺〉

青龍池水清
綠樹多繞佛閣
詩碑廊長
空海感念師恩同門
「同法同門喜遇深」（註）
登臨意在李商隱夕陽詩境
寺址古遊樂原
煙綿土丘接遠天

註：日僧空海詩句。公元八〇四年日留學僧空海曾師事惠果大師於青龍寺。

半坡遺址

小口雙耳　鼓腹尖底的陶土汲水器
「虛則攲　中則正　滿則覆」
自動汲水的功能
宮庭廟堂「攲器」的雛型
「宥坐」勸戒禮器的起源

人面魚紋的彩陶盆
個中有什麼玄機
象徵著什麼意義
人面是原始的天真表現
魚形是清晰的魚游天趣
魚游　欲向何處
人面　看見什麼

製陶　對於半坡人來說
已是得心應手

碑林

如花似錦的書法藝術
名家大家的獨特豐采
繁麗生動的碑碣雕刻

石台孝經
天下第一方柱碑
開成石經
世上最重的叢書
　最古老的石質書庫

九百多年歷史（註）
三千多件藏石
最經典的
東方傳統文化內涵

註：「碑樓」、「碑亭」、「碑洞」，名稱的
　變化，可知「碑林」的滄桑。

興教寺

疊澀磚挑出和收進的
大唐藝術特色的
三藏塔　窺基塔　圓測塔
風火滄桑　難得原貌

玄奘塔形似大雁塔
「隻千古而無對」
黃巢應未發塔
法師應未再遷葬

紅芳綠靜　竹聲去妄念
「超大塵而迥出」
古塔新殿　同沐法相唯識宗

註：窺基、圓測爲玄奘二弟子。興教寺和大慈恩
　寺同爲法相「唯識宗」祖庭。又「　」中係
　興教寺現任主持常明老和尚語。

陝西歷史博物館

地上古物最多的是山西
地下古物最多的是陝西
西安看墳頭
五千年看西安
不到西安　等於沒到中國

精美璀燦
驚人心神的青銅器和玉器
絢麗多姿
動人魂魄的唐三彩
神韻輝煌
撩人遐思的漢唐金銀器
天下無雙
懾人眼眸的唐墓壁畫

八百里秦川　物華天寶

大唐芙蓉園

好一派盛唐氣象
湖水相輝交映大雁塔
好一片仿大唐皇家禁苑建築
春光繡畫　祥雲輝映紫雲樓

亭榭廊閣如彩雲
唐詩峽中　詩魂聳立如山

琪樹花繁　杏園探花
流杯換盞　曲江流飲
水幕夢幻　「大唐追夢」
詩樂舞劇　「夢回大唐」

芙蓉園中好看花
芙蓉園中好顏色

註：小雁塔至大唐芙蓉園凡十三處景點均位於西安市。

周原遺址

古公亶父　來朝走馬
率西水滸　至于岐下
《詩經·大雅·緜》

「周原膴膴」　蔬菜甜如飴糖（註）
大盂鼎　毛公鼎出土處
玉器栩栩如生
有字卜骨　舉世矚目
鳳雛宮　四合院先河
周文化的搖籃
周王朝的發祥地

註：膴膴，肥美貌。古公亶父（周太王字）避狄人自豳遷此，在今陝西岐山縣東北三十公里的京當祝家莊和扶風縣法門等地。

扶風法門寺

地宮

入涅槃域　入「出生死地」
入無漏解脱
三則緣起偈　見偈如見佛
陳列依「曼荼羅」供養的最高結集（註一）
無始無終　無邊無際的時空
事相　教相的無上大法界（註二）

註一：劃爲圓形或方形的修法地方或壇場。其中置佛、菩薩等尊像。亦稱「輪圓具定」。
註二：「事相」是實踐，「教相」是理論。地宮中佈置五佛八部諸尊造像，有四枚金塔供四枚舍利。八大處繪佛本生故事及如來八種儀相等。

佛指舍利真身

何等殊勝因緣
「寸餘法身」在眼前
三影一真
「影骨非一亦非異
了如一月映三江」
一月映大千
「今生一照面
前世多少香火緣」
佛門不談真假
「幻焰夢形城　鄉月泡花輪」
無相而顯相　有相而無相
「頂供心相應　光天化日虹」

註：「」分別引自現代．趙樸初〈贊歌〉、地宮密乘緣起偈及莊嚴頌。

漢景帝陽陵

走過千年滄桑有道盛世文景盡在漢家陵闕
撥開歷史雲霧雖説冰山一角卻是帝王氣象
陽陵地下遺址博物館對聯

其一

靈魂不滅　事死如事生
帝王建陵　國之大事
豈能歷史錯位　苛求古人
建陵不到十年
喪事只用十天
景帝　「愛民廉潔　善始善終」
「周云成康　漢言文景　美矣」（註）

註：《漢書．景帝紀》贊語。

其二

陶俑的衣物　飾物　彩繪
雖已腐朽
　裸陶俑　人體美的本色

　表情豐富
豈是無生命的「偶物」
以形寫實
雖然只有真人的三分之一
依然像秦陵兵馬俑

秦漢一脈
佛教藝術西來以前
華夏土生土長的藝術
誰說中土沒有雕塑傳統

梁山乾陵

大觀

突突孤孤插太清
行人遙指是乾陵
明　王瓊

遠眺梁山如美人新浴後仰天而臥
　像六十歲猶媚眸皓齒的武則天
仰望像一座穩固的筆架
　又像俯臥蒼茫大地的雄獅
偶然的巧合
還是有意的選擇

註：陵仿長安京城格局。興數萬之軍，歷四朝五十七年。四圍八十里，造屋三七八間，歷代皇陵之冠。唯一兩位皇帝的合葬陵。唯一未被盜挖過的唐帝王陵。

石雕群像

蕃王儼侍立層層
天馬排行勢欲騰
明　劉伯溫

盛唐石雕藝術的
露天展覽場

駝鳥最寫實
鏤空立體高浮
疾行千年前

石獅最威懾
頂天立地之勢
巍然不可撼動之狀

翼馬最浪漫
從西極涉流沙而來
東翼馬翼面
流暢的渦線弧面
猶如花卉簇擁
古希臘藝術風格
西翼馬翼面
重疊的轉折稜面
宛如江中波濤
古印度藝術手法

天馬何時飛
皇帝皇后升仙時

註：石雕計一二四座，均精美絕倫。羅列有序的置於司馬神道兩側，除飛禽走獸外尚有華表石望通天柱、將軍石人像，蕃臣像等。強烈表現深刻的政治含意，君權的至高無上，大唐統治四夷的場景。

述聖紀碑

其一

何功可頌　何德可紀
何行可效　何聖可述
武則天違反祖制的創舉
卻是年代最早
　規模最大
　文字最多
　造型最奇的
唯一一通帝陵前的
金字聖功頌德碑

其二

四方如棋盤
頂蓋如廡殿
碑身七節　七曜光照天下
六千字駢體長篇
引經據典　堆砌詞藻
武則天文彩煥然
唐中宗書丹
筆法骨氣勁森　雄強溫雅
　溫圓玉潤　俊朗深厚
唐代「三絕碑」（註）

註：「七曜」指日月金木水火土，七節合七曜。
　碑文係武則天親撰。宋·趙明誠《金石錄》
稱唐中宗：「字體遒健，深得歐、虞遺意。」

無字碑

沒字碑頭鐫字滿
誰人能識古坤元
　　　　現代　郭沫若

桀驁不馴
威嚴凌厲的氣勢
「民無得而名焉」
名為「無字碑」

立碑卻不著一字
「己之功過由後人評述」
豈符合一代女傑
好表現的　自我欣賞的
自負又自傲的性格

應不是應女皇之命而立
應是一種難為而不得
不為的禮儀形式

後人碑上題詩多矣
無字碑已成有字碑
自有懷舊德者（註）

女皇胸襟和氣魄
豈是常人所能料
不刻一字
倒也「盡得風流」

註：碑上有明·嘉靖年間督陝西三邊軍務的王瓊所刻詩，最後二句為「……唯有乾人懷舊德，年年麥飯祭昭儀。」昭儀，指武則天。《新唐書·高宗廢后王氏傳》：「武才人，貞觀末以先帝宮人召爲昭儀。」

永泰公主陵墓

公主不須傷永逝
墓門從此喜常開
　　　　現代　俟名

「生前慘遭冤死
身後備受殊遇」
這就是封建歷史

「凡王　公主墓無稱陵者
惟永泰公主事出特制」
承恩特葬
在墳墓上　大作文章
這就是「號墓為陵」
閒話一句　橫禍從天降（註）
公主有孕　不立斬或杖殺
緩期賜令自盡
這也算是女皇的恩典

墓室壁上宮女圖
翠髻高聳綠鬟虛
她們曲盡風姿
　神態惹人愛憐
似在安慰公主亡靈
這就是冷清的墓中
似乎有些青春氣息的原因

註：永泰公主是武則天親生女，因曾與夫婿閒言，武則天男寵張易之兄弟「何得恣入宮中」一句話而遭禍。據出土的〈大唐故永泰公主志銘〉（唐·徐彥伯撰）中有：「自蛟喪雄鍔，鸞影孤影。」蛟是蛟龍，喻男性，鍔是利刃，鸞是鸞鳳，喻女性。意謂公主夫婿武延基喪命利刃後，公主還孤單地生活著。

九嵕昭陵

陵寢盤古曲　熊羆守翠微
在窺松柏路　還見五雲飛
唐　杜甫〈重經昭陵〉

九道山梁　高高拱舉
昔日堪比華山(註一)
九嵕山作封土
「聖文周達曰昭
昭德有功曰昭」(註二)
名君葬名山
石宮高懸半空中
百丈丹梯邈莫攀(註三)
鑿石擴地　山頂游殿
鬱蔥佳氣隱龍蟠

遺迹盡在嵐影山色中
陵谷雖變遷　依然天地間
煙籠雲鎖當年勝迹

註一：漢·司馬相如〈上林賦〉中，將九嵕山與西嶽華山相提並論。

註二：古代謚法。

註三：唐太宗昭陵是世上唯一架有棧道的帝王陵墓。唐高宗時拆除，遺迹迄今仍可辨。昭陵陵園共三十萬畝，冠古今中外。唐太宗〈九嵕山卜陵詔〉中有言：「若營魂有知，還如疇曩。居止相望，不亦善乎。」計有一九八座陪葬墓像扇面般的分布四周，如衆星拱衛北辰般的拱衛昭陵（當年長安城，帝王居住的大內居北，朝臣貴戚的府邸在南）。貞觀君臣，皇親國戚，義深舟楫，生死與共。

漢武帝茂陵

大觀

心期仙訣意無窮
彩畫雲車起壽宮
唐　許渾

盛烈雖早已成空影
封土猶有侵雲氣勢
遙相輝映終南山

秦皇　漢武最執著慕仙
草長風吹　蜿蜒小徑通陵頂
何處帝王仙家夢

註：漢武王朝每年以貢賦的三分之一以上作爲修茂陵費用。封土高逾秦皇陵，號稱「中國的金字塔」。

李夫人墓

通靈夜醮達清晨
承露盤晞甲帳春
王母西歸方朔去
更須重見李夫人
唐　李商隱

茂陵沒有皇后陵墓
西北側有李夫人墓
「蘭有秀兮菊有芳
懷佳人兮不能忘」（註）
能歌善舞　傾國傾城的李夫人
地宮中唯一相伴
漢武帝的佳人

註：漢武帝〈秋風辭〉。李夫人以皇后禮制下葬，陪葬墓中最大的墓。

霍去病墓

「朕之長城」
漢武帝如此器重將軍
「匈奴未滅　何以家為」
將軍如此豪語

高冢像祁連山
我武鷹揚塞外
傳奇不朽　允稱「戰神」

「拜柏靈山廟霍然去病
焚茂陵香火終身平安」（註）

註：柏靈山廟楹聯。「漢驃騎將軍大司馬冠軍侯霍公去病墓」位於茂陵東側一百公尺。昔日墓冢之上原建有三座廟，植栽一顆柏樹。現建有覽勝亭。墓石十七件是國粹。

楊貴妃墓

其一

馬嵬楊柳綠依依
又見鑾輿幸蜀歸
泉下阿環應有語
這回休更罪楊妃
唐僖宗〈幸蜀經馬嵬〉

一死以酬君恩
干戈再起　誰再為君頂罪
誰說情愛天長地久
君賜妾死　妾不敢不死
一死足以謝天下嗎
墓後婷婷秀立白玉雕像
貴妃低頭何所思

其二

誰說隆基非情種
只見長廊月照影
現代　顧平旦

芳名已傳馬嵬
冤屈應消不少
芳魂居易詩早已傳誦
光彩應增許多
芳踪已飛上蓬萊仙山
從此應在雲中起舞
應還有未了事
夢中總在長生殿

其三

舊事憑誰說短長
天生麗質管興亡
現代　王沂暖〈楊貴妃墓〉

六軍不發　干卿何事
卿本佳人　能詩能歌能舞
就是不會善用權謀
不懂宮廷鬥爭
卿本麗質天生
「紅粉誤國」　人云亦云
「紅顏薄命」　時耶命耶
卿為安定大局而死
香骨亦俠骨
香軀壯地脈

其四

玉環總比媚娘好
未學金輪冊女皇

現代　張思溫〈馬嵬坡〉

「馬嵬不是無情地」(註一)
馬嵬兵變誰主謀(註二)
幸未作陳橋兵變
貴妃不像武則天
　不似慈禧太后
「傾國何須怨玉環」(註三)
「從來絕色知難得」(註四)
更是難得有真情
從來天子重色
寵也承恩　死也承恩
傾國也能報國
「嗟呼　國色須臾同草腐
何惜區區位號傳靈武」(註五)

註一：作者佚名．〈太眞〉（蜀宮群仙），引自《全唐詩》。
註二：依據陝西師範大學歷史系王雙懷講師的意見，應是太子李亨。
註三：清．趙長齡〈馬嵬〉詩中句。
註四：唐．羅隱〈馬嵬驛〉詩中句。
註五：清．李篤生〈馬嵬坡〉詩中句
靈武，郡名。在今寧夏境內。馬嵬坡兵變後，太子李亨即在靈武境內即帝位，唐玄宗退位爲太上皇。

其五

馬嵬坡下泥土中
不見玉顏空死處
唐 白居易〈長恨歌〉

肌膚已壞 何以香囊仍在
中使改葬 何以不提原委
衣冠冢乎

日本有兩座貴妃石塔墓
兩尊貴妃像
日本少女自稱是貴妃後裔

雖是傳説
太富有情趣了
太富有魅力了

其六

太真泉下如含怨
不怨玄宗卻怨誰
現代 瞿道衢〈貴妃〉

回眸已是天上人間
羅襪踏無影（註）
無數風流殘痕

私盟不過空中語
説什麼來生 重生
貴妃請仙居仙山可矣

説什麼恩愛專寵
不過是閑夢一場
豈寧為天子 貴妃

註：《全唐詩外編》有唐玄宗作〈又見妃子所遺羅襪銘〉乙首。

其七

金城西粟四百里
妾西帝東長相思
現代　楊宏德〈題楊貴妃墓〉

遙對茂陵
漢武自有夫人長相依偎
那管後來事
天寶遺事恨事多
半是貴妃血淚事

東去四百里　不吊玄宗泰陵
貴妃墓前　梨花開謝有人知

註：楊貴妃墓在興平縣西三十里，玄宗泰陵在蒲城西北十五里。興平至蒲城三百四十里，共計三白八十五里。又興平在西，蒲城在東。

其八

天上人間遺憾在
千秋依舊論風流
現代　林英昌〈楊貴妃〉

事迹已溶成
詩花詞花
土下貴妃心平否

青冢已留成
一方勝迹
土下貴妃心知否

到處山河大地多綽約
奈何黃土輕易掩紅顏
馬嵬坡上費思量

翠華山

太乙近天都　連山到海隅
白雲迴望合　青靄入看無
唐　孟浩然〈終南山〉

煙霞瑞雲盤石上
山崩地質奇觀
書法石林天趣
天池碧水　山影倒映水影

風洞風刺骨
冷風森森坎宮去
寒風嗖嗖巽位來

冰洞冰重凌
千載寒洞三伏地
四季冰封六月天

天洞通幽　山魂雄風
龍湫瀉玉　十里百潭
終南毓靈　太乙鍾虛
始悟翠華招漢武

註：翠華山位於西安市南三十公里的大峪口，是終南山的一個支峰。山中多湖泊，翠鳥蔥林，如詩如畫，奇石秀水，可遊可賞，可循十八盤石階盤旋而上。其中位於大正峪村旁的太乙池（天池）是唐天寶年間形成的山崩堰塞湖（現規劃闢爲遊泳場所）。大峪口入口處有漢武帝元封二年（一〇九）祭祀太乙神時興建的太乙宮遺址。故翠華山又名太乙山，號稱南山之冠。現爲國家地質公園。

南五台山

攜華岳瞰涇渭三秦風采憑南嶂
襟太白覽少神五台靈秀蔭西都
南五台山圓光寺楹聯

其一

五峰競秀　峰繞瑞煙
觀音台上一覽
但覺雲來雲去　俱在足下
只覺非台非幻　盡歸目中

佛日同輝　古剎圓光
山門不鎖待雲封
鐘鼓聲不擾山籟響
人天聚會　龍象交參

其二

芙蓉插雲　中流擊水
彌陀寺　紅白玉蘭
五佛殿　唐槐古柏
連理枝　情歌回蕩

天門奇松　神顏摩空
櫟林巨樹　凝碧濃蔭
古樹名木歷無數春秋
南五台山「西部盧山」

註：南五台山是終南山中段的一座主峰。因山上有觀音（又稱大台，高一六八八公尺，建有圓光寺）、文殊、清涼、靈應、捨身五台而得名。又因在都城長安以南，故稱爲南五台。史載唐皇曾登臨終南山領詠，萬士齊吟，此情此景如此，世界名山大川志中，絕無僅有。

太白山

西上太白峰
夕陽窮登攀
太白與我語
為我開天關
唐　李白〈登太白峰〉

大觀

以高為主
「天晴諸山出
太白峰最高」(註一)
以寒為主
太白積雪六月天
感覺就是不一樣

太白山上無閒草
植物品種薈萃地
滿山遍野都是寶
珍奇異獸保護地

角峰　槽谷　冰斗
冰川遺迹龍翻石
溫泉泉眼成串
大者如拳　小者如珠

長江以北
太白山最稱大觀(註二)

註一：唐・岑參〈宿太白〉。
註二：太白山是秦嶺主峰(海拔三七六七公尺)大陸東部第一高峰，位於陝西眉縣、太白、周至三縣交界處，總面積伍萬四仟公頃，景觀衆多。

潑墨山．拜仙台

詩仙太白遊太白山
欲吟詩時苦難吟
拋筆飛硯入雲端
留下千古潑墨痕
至今墨汁未乾

山高神仙多（註）
太白金星神位在
東坡學士台上拜仙求雨
長跪三日獲甘霖

石群勢若泳
舉目山水傳説多

註：「拜仙台」旁有神仙宮，建於清．乾隆年間，供奉姜子牙在太白山所封的三十六位正神。

天圓地方

「龍石」上方　天圓地方（註）

天如圓蓋　舉手可攀
大地如盤　縱橫萬千

「神州南北界
華夏分水嶺」

一腳踏南北
山南山北景不同
一水分兩域
長江黃河左右流
天圓地方　南北在此分

註：「龍石」係「拜仙台」前方，狀如飛龍的巨石。「天圓地方」海拔三五一一公尺，在太白山頂部。

龍翻石．大爺海

壘壘疊疊　片片塊塊
從山巔到山坡到山谷
大大小小　無窮無盡
冰川遺迹是石海

串珠冰斗湖　深不見底
水寒如冰　清鑑毛髮（註）
無寸草點塵
祈雨必取此處水
池畔廟會樂曲聲
聲振插天孤峰

註：大爺海（又稱大太白池、太白湫泉），位於太白山頂北坡，海拔三仟五佰九十公尺，面積近五仟平方公尺。山南尚有二太白池、三太白池。唐．韓愈曾以：「魚蝦可俯掇，神物安敢冦。林柯有脫葉，欲墮鳥驚救。爭銜彎環飛，投葉急哺鷇。」的詩句來描繪此地的情景。相傳唐貞觀年間大旱，京兆尹韓皋曾取這裏的水，祈雨巧應，此後便遺留下祈雨必取太白湫之水的風習。

二〇〇六年七月十三日凌晨六時三十分筆者偕內人徒步自行自太保局小文宮接待站，於第四紀冰川遺迹的亂石堆中尋通路，經大文宮等，於十一時三十分抵大爺海。池旁有廟宇，正逢當地廟會，時逢炎夏，惟池邊冷風刺骨，水寒如冰。攝影爲誌，經原路於下午五時二十分返客運索道站口。

周至樓觀

說經台

此台一覽秦川小
不待傳經意已空
北宋　蘇東坡〈授經台〉

老君說經授經處
經說無為　五千言猶在
穹碑屹立　光影生紫氣
清池開上善意
認取仙家種壽泉
「玉爐燒煉延年藥
正道行修益壽丹」
老君作十四字養生訣
猶留碾藥石
劑妙丹奇在「天下第一福地」

聞仙溝

紫氣氤氳捧半山
蓬萊仙掌共巉岩
唐　溫庭筠〈樓觀題咏〉

嶺上古木曾現鹿鶴踪
溝中清泉曾照仙翁身
呂洞賓在此鑿洞修煉
譚峭隱此窮人天之理
麻衣先生在此悟道傳相法
陳摶時來盤桓
清風似仙風　快人眉髮
輕煙似仙影　耐人尋覓
深邃寂靜　濃綠醉人
一派仙源在其中

紫雲衍慶樓

門對終南莫向此中求捷徑
地鄰太乙須知在上有仙都
紫雲衍慶樓楹聯

「老聃厭世入流沙
飄蕩如雲不可遮」（註）
幸有尹喜觀星望氣
當年紫氣曾東來
果能真遇
尹喜執弟子禮留老君著書
《道德》授受　保其正傳
玄旨震人間　天地欲破
五千言傳世　日月爭光
天下道林在此張本

註：北宋・蘇轍〈寄題樓觀〉詩中句。

秦始皇帝陵園

古墓成蒼嶺
幽台象紫宮
唐　王維〈過始皇墓〉

其一

不曾有人親眼見過
充滿心機的地下宮殿
秦始皇將他在人間
所擁有的一切
都搬入地下
所有的修陵人
都被封死地下陪葬

驪山像蓮花　秦陵像蓮蕊
陵宮正在蓮蕊的中心

其二

常挖常新的考古事業
每一次發掘
都是一次奇迹
牽動人們的思想
驚悸世人的想像

防雨頂棚　如何搭建
地下水　如何及時抽乾
封土層　如何移土
汞密封層　如何通過
出土文物　如何保護

開掘時如何解決
營建時遇到的問題
古人的問題
今人的難題

銅車馬

世界冶金史應該重新編寫
一切從這裡開始
羅馬尼亞　塔馬拉・多布林

七仟多個精緻部件組成
鑄造之精細　彩繪之精美
裝飾之精巧　寫實之精準
精湛傳神　不可思議
形具而神生　青銅之冠

怎麼會把馬做得那麼像
馬之生命力　馬之形象化
活靈活現　呼之欲出
簡直把馬塑造活了
不敢相信是二仟多年前
秦人之製作

兵馬俑

項火燒不盡　猶留兵馬俑
秦始皇可以死　而兵馬俑不死
今人　佚名

其一

完整的軍種軍陣
表現出難以想像的魅力和壯觀
象徵秦始皇東巡的衛隊嗎
駐紮在京城外的宿衛軍嗎
表彰大秦武功的紀功形象嗎

大秦兵戎文化的景象
東方雕塑藝術的極致
世界第八大奇觀

其二

千篇一律中的千變萬化

變化之多
各種的面形
各種的表情
不同樣的髮髻
不一樣的胡鬚
千人千面

精細之微
頭髮的紋路　手上的指甲
鞋底的針腳　鎧甲的編綴
一一刻劃

不是不言不語的泥人
活生生　沒有距離的古人

秦阿房宮遺址

二川溶溶　流入宮牆
五步一樓　十步一閣
廊腰縵回　簷牙高啄
各抱地勢　鉤心鬥角
唐　杜牧〈阿房宮賦〉

可憐可歎　項羽一炬
天下之眾之美成焦土
秦皇之驕之奢化灰飛
洩天下之共憤

浪漫想像　杜牧一篇
由景及人　由人及藏
由喻入議　由議入哀
「古來之賦　此為第一」

唯一兩處遺址
一片夯土台基
一塊長方形台地
「天下第一宮」
殘台碧野中
火焚遺痕　依稀可見

今人仿建一二
很用心地藝術表現
能得杜牧賦中
點滴風采

驪山史話

老母殿

彌天濟世功與日月增輝
劈地衍人恩同泰山共重
老母殿楹聯

「萬靈至尊大道無極聖母」
母即彌也　始判天地
勤奮辛勞的化身
濟民利民的慈者
傾訴情感的對象
善智完美的象徵

老母攥黃土做人　創世聖母

註：老母即女媧。驪山乃「華夏源脈」。

長生殿遺址

東坡居士尚得見殿宇（註）
若非香山居士長恨歌
長生殿那得和太和殿齊名

七夕盟誓　天寶遺事
盡入詩人感慨中
殿中連理枝
盡沒歷史塵埃中

碧樹芳草惹人憐愛
何時風華再現

註：遺址在朝元閣下方不遠，爲帝妃朝拜時齋戒處。昔日有「飲鹿泉」（當時雨水多，自有流澗）多有馴鹿，風光秀麗。蘇軾詩云：「我上朝元春半老，滿地落花人不掃，羯鼓樓上挂夕陽，長生殿古生青草。」

烽火台

入暮晴霞紅一片
尚疑烽火自西來
清　朱集義〈驪山晚照〉

曾有烽燧萬里相傳
曾聞褒姒一笑
一笑失天下　空餘仿古台
幽王應有長恨　烽火戲諸侯
都說幽王誤國　褒姒禍國
山下幽王壘　碰頭溝仍可尋（註）

註：傳說周幽王逃到驪山東二十公里的戲水東岸（今宋家村）被犬戎兵殺死，現仍存墓冢稱幽王壘。褒姒被俘不屈，在村東一條小溝，碰死坡前，現碰頭坡仍在。惟《史記·周本紀》稱，犬戎殺幽王於驪山下，虜褒姒，她並未爲幽王殉情。

明聖宮

野鶴孤雲且向人間小住
清風朗月長宜天際悠遊
弘道堂楹聯

三面翠峰環繞
花松碧柏堆繡
俯視渭水東流
正對驪山晚照
仙祖五道興唐　功成不居
悟道濟世　行天上道

註：宮祀謝映登，謝氏爲謝玄後裔，助李世民定天下，稱爲「五道興唐」（徐茂功、魏徵、謝映登、李樂師、謝宏），謝氏辭封不就，入山學道行善，被奉爲道教仙祖。

華清池

大觀

華清駐老　飛流瑩心
穀神不死　川德愈深
北周　王褒〈溫泉銘〉

史上離宮　屬此宮最翹楚
朱樓紫殿　千門萬户
高處入青雲　四望繡成堆
天下溫泉　屬此泉最出名
「一脈溫湯迎日夜
幾縷烽煙送古今」（註）
人間情愛　憾事多矣
屬明皇貴妃最為長恨

註：今人．寧煥中詩句。

海棠湯

新浴展仙姿　人比海棠花更豔
廢池留古迹　事如蝴蝶夢難忘
今人　王仲平

千載海棠重開
尚存溫露凝脂否
出水芙蓉　猶勝玉雕
尚見花蕊細噴否
花散餘香滅
萬般風流盡逝
陳迹動人心思　杳渺何許

此湯溫暖一代國色天香
貴妃在此
沐浴八載春秋
長石猶見「楊」刻字

蓮花湯

蓮池浴淨唐業主
花香盡芳帝王心
今人　林隨喜

白石瑩澈如玉
隱起魚龍花鳥紋
雪浪騰舞　珍珠迴蕩
雙蓮底座　九龍搏水
共浴蓮花水　永作並蒂蓮（註）
解語蓮花　早已沉香
蓮花湯裏　曾數盡風流

註：蓮花湯，唐時稱御湯、九龍殿，專供唐玄宗沐浴。唐玄宗御園賞花，逢白蓮盛開，玄宗謂，這白蓮怎比我的「解語花」（指楊貴妃）。

星辰湯

池出天地有方圓
人入圖畫鑑古今
今人　辛耀奇

南壁陡峭　北壁圓滑
進水出水　落差一定
散水環流　取暖設置
清流九泉靈氣
波鑒山水精魄
「自然之經方　天地之元醫」（註）
滌月湔星　名追周秦
此湯歷史最悠久

註：北魏．元萇〈溫泉銘〉

尚食湯

為官貴在清如水
輔政常宜潔爾身
今人　盧善求

欽賜臣僚湯浴
公卿進退　將相浮沉
宦海風波一池溫湯永不竭
潔身也需淨心
入池不能藏污納垢
出浴能否激濁揚清
惟恐「進來本是清官少
出去依然污吏多」（註）

註：今人．王汎石楹聯句。尚食湯是供皇帝近臣及爲嬪妃服務的尚食局宦員沐浴處。

溫泉水源

不以古今變質　不以淳暑易操
與日月而同流　不盈不虛
唐　李世民〈溫泉銘〉

源自驪山山腳
汩汩水花　沸沸揚揚
「潛井」時瀉碧玉
聖水耶　神水耶
「其聖伊何　排霜吐旭
其神伊何　吞疣去毒」（註）
天下第一溫泉
神州二仟六佰泉之首

註：北魏．元萇〈溫泉頌〉。水源在星辰湯南面橫洞內。源頭數步外有一口「潛井」，清澈見底，騰著熱氣，九十月間泉水溢出井外。

五間廳

莫言五間廳小
卻為歷史見證者
不是一場巨變
更有何人憑弔它
　　今人　劉飄然

攘外是救國
安內是救國
攘外必先安內
二位將軍堅持(註一)
不是見仁見智

進諫是抗日
納諫是抗日
只好這般　應非得已
兵諫也是抗日

彈洞如花
能化恩仇否
請問二位將軍
兵諫上策乎
　　下策乎

「泉清鑒史　夕照融今」(註二)
誰有誰無
救國抗日決心
事實昭然若揭
千秋毀譽　自有公評
只是時機已到否
歷史是永無休止的爭論

註一：指張學良、楊虎城。二位將軍對當時蔣公「安內重於攘外」不滿而發動兵變。
註二：今人·陳偉民楹聯句。

西安飲食文化

羊肉泡饃

湯講究　羊骨架加香料
　先大火再小火
饃講究　九成麵粉一成酵麵
　入湯不散
洗肉講究　或用流水洗
　或用老井水流
吃法講究　有「單吃」「乾泡」
　「水圍」「口湯」
品嚐講究　掰出來的饃
　要像蜜蜂頭
次序講究　一邊一口吃
　鮮熱之氣跑不散
西安小吃中鋒頭最勁是羊肉泡饃

黃桂稠酒

汁稠　醇香　綿甜適口
「玉漿」「醪醴」　不似酒勝似酒

「李白一斗詩百篇
長安市上酒家眠」(註一)
「斗酒」即是「黃桂稠酒」
「風吹柳花滿店香
吳姬壓酒勸客嚐」(註二)
「壓」的就是「黃桂稠酒」
蒸餾酒問世前
祖先們一直就是喝這種米酒

註一：唐·杜甫〈飲中八仙歌〉詩中句。
註二：唐·李白詩句。
　「黃桂稠酒」以糯米、小麴、鮮桂花釀成。

餃子宴

舒服不如躺著
好吃不如餃子
俗諺

「交子」「角子」「金絲纏元寶」
「形如偃月　天下通食也」(註一)
餃子還是一種禮儀食品
唐墓中見有餃子(註二)

「解放路」的　「德發長」的
一形一餃　百餃百味
一百零八個種類
五種席宴　每一種花樣(註三)
都有一個吉祥名稱
配合二十四節氣(註四)

適時　健體　融情　暢懷　言志

西安餃子文化
遠溯漢朝
色　香　味　形　意俱佳
神州一絕

註一：北齊・顏之推語。
註二：新疆吐魯番阿斯塔那唐墓中掘出的點心實物中有餃子，大小形狀和現代常見的餃子幾乎是一模一樣。
註三：五種餃子宴，指宮廷宴、八珍宴、龍鳳宴、牡丹宴、百花宴。
註四：立春吃韮黃餃子、立夏吃竹筍餃子、立秋吃子雞餃子、立冬吃白菜餃子。

橋山黃帝陵

軒轅廟

進山便是手足骨肉同懷敬誠瞻始祖
出門即奔南北西東各放光熱等長城
大殿楹聯

橋山宛如巨龍盤空而游
黃陵恰似龍口所含珍珠
仙台猶如龍舌卷曲向上

中華國脈承龍脈
黃帝精魂龍尾軒轅廟
聖地壯民族魂
圖騰豐碑　天光而地黃
誠心誠意　朝拜天下第一廟

漢武祈仙台

寂寞玉台遺漢武
一輪皓月古今明
明　張三豐〈橋山祈仙台〉

祭台高出林表
武帝登高祈禱
黃帝逸仙　乘龍仙去
武帝祈仙　希望乘龍登仙

「舉目天下黃土地
山環水抱古柏青」（註）
登漢武仙台一次　增壽一年

註：今人・高俊元〈登橋山〉詩句。史籍載，漢武帝勒兵十八萬騎，旌旗徑千餘里，祠黃帝於橋山，祭黃帝冢。

古柏

撼雨塵霜五千載
滄桑歷盡不渝香
今人　羅立洲〈瞻仰軒轅柏〉

古柏八萬餘株
生機勃勃揚青翠
翠柏蒼煙　繚繞蒼天

黃帝手植柏
沖天蔽地五千年
世界柏樹之父

掛甲柏　樹皮釘痕（註）
清明時節柏液出
積聚成球　晶瑩成串

盤龍崗兩側龍角柏
剛勁旋紋活化石
華夏古柏一奇

廟前大殿龍尾柏
樹冠一枝挺拔凌空
曲線搖擺似龍尾

橋山龍馭
龍去猶有古柏在
黃陵古柏萬古春

註：相傳漢武帝征朔方還，掛甲樹上，又稱「將軍柏」，位於軒轅廟大殿旁，高聳雲霄，奇特壯碩。

宜川壺口瀑布

其一

桃浪雨飛翻海市
松崖雷起倒蜃樓
明　惠世揚〈壺口咏〉

形如巨壺沸騰
勢如大山飛崩
捲起千層金浪
迎來萬丈霓虹
浪頭接天　水底冒煙
水霧陽光　彩虹戲水
天下黃河一壺收

其二

不屈不朽民族魂
炎黃子孫世代嬌
現代　徐山林〈題壺口〉

「萬傾金濤宣正氣」的
不朽詩篇—黃河頌
「千團火雲燒鬼妖」的
民族交響曲—黃河大合唱
生生不息母親河天上來
滔滔瀑布「奔流到海不復回」
漫漫民族豪情
蓋天撲地上眉宇

註：「　」詩句分別引自現代．徐山林〈題壺口〉、唐．李白〈將進酒〉。

其三

映日紅霞浮瑞馬
滿天風雨起神鯨
明 劉子誠〈壺口咏〉

傳說中的壺口
有神話 有史跡
「禹治水 壺口始」(註一)
衣錦村 娶妻生子
「三過家門而不入」
「當年疏鑿勞神禹
廟依東山松柏森」(註二)
壺嘴正當中
「媒石」青光閃亮
「隔溝滾磨」 「天作之合」(註三)

「臥鎖狂流」的「孟門山」
金簡玉尺計算鑿開的「龍門」(註四)
東縛不羈的「十里龍槽」
壺口中的傳說
說出黃河浩淼的真貌

註一:引自《水經注》
註二:明·趙譔詩句。
禹王廟位於壺口瀑布附近衣錦村內。
註三:壺嘴正當中有一塊青石,相傳是伏羲和庖羲兄妹成親的「媒石」。瀑布偏北不遠有「人祖山」和「庖山」。「隔溝滾磨」和「天作之合」相傳源於此。
註四:傳說伏羲贈大禹一根玉尺和一方金簡。玉尺上可畫天,下可畫地。金簡可算九州大地的方圓和九河的曲直。

長樂閩江口

鄭和廣場

七度使鄰邦　有明盛紀傳異域
三保駕慈航　萬國衣冠拜故都
　　　鄭和航海館楹聯

西洋取寶之船
帆若重天之雲
中積一年糧
當時世上最大的船
　最多的船隊
在此整補等候季風(註一)
「欲國家富強
不可置海洋於不顧」(註二)
三保公航程三萬餘哩
相當於繞赤道一周半
以王道精神
制霸海上二十八年

三保公是華人的光榮
功標千古　歷史傲人
六百年前出洋
比哥倫布早了六十年
唯一能與西方航海家
平起平坐的東方人

註一：福建長樂縣西閩江口附近，古稱吳航港，春秋吳王屯船於此。三國時東吳置典船校尉而得名。鄭和改名太平港，現漸淤塞，僅存一條河道。

註二：明·鄭和語。鄭和，回族，本姓馬，小字三保。英國學者僑席斯認爲鄭和最先發現美洲新大陸。

吳航書院

望月樓前　卓午書聲傾耳
陽春橋畔　通宵燈影橫衢
課督白鹿　精勤寧滅鵝湖
吳航書院賦
體現「禮樂相承」的
傳統建築文化
反映「善美同意」的
儒家美學思想
典雅講堂
斯文光芒四映
楹聯碑刻
無不引經據典
立德立言　韜略蘊胸中
希賢希聖　乾坤羅眼底

篁竹臨風揚書香
藏書房中書如海
教書　讀書　講書
校書　著書　刻書
「子夜書聲　若出金石」(註一)
桂樹郁蔥盼高中
「吳航俊彥多全憑經綸飽腹」(註二)

註一：清·謝瑾〈過吳航書院事〉詩中句。
註二：書院楹聯句。
古諺云：「陳塘沙港合，舉子勝莆田。」福建長樂建學始於唐·乾符四年（八七七），史載書院有數十家，吳航書院爲其中較有影響者。今人陳章漢先生云：「得紫陽之眞脈，伊川之眞傳，何殊洙泗濂洛。」長樂歷代書院應試發迹有名可稽者進士八佰人以上，其中狀元十八人、榜眼三人、探花五人。

青田石雕

其一

青田有奇石　壽山足比肩
匪獨青如玉　五彩競相宜

現代　郭沫若

「小印青田寸許長」（註一）
「質雅如同國畫舊宣紙」（註二）
刀行爽利
筆意能得盡
「娘邊女　硬岩凍」（註三）
上上絕品「燈光凍」
瑩澈如脂玉
映照似燈輝

「印祖」文三橋　極力推崇
尚見「封門青」　色如芳蘭
方寸凝脂　勝過碧玉
紅　黃　青　奇珍三寶石（註四）
「冶金刻玉古時章
花乳青田質最良」（註五）

註一：清．鄭板橋詩句。

註二：今人．婁師白語。

註三：民諺，將「燈光凍」比作在娘身邊的閨女。初產於明朝，清末以後已絕產。其暘《印章集說》：「石有數種，燈光凍石爲最。其文俱潤澤有光，別有一種筆意豐神，即金玉難優劣之也。」

註四：「紅」指昌化雞血石、「黃」指壽山田黃石、「青」指青田封門青（美稱「蘭花青田」）。

註五：清．陳萊孝詩句。

其二

大者仙佛多威儀
小者杯杓几案施
精者篆刻蟠蛟螭
頑者虎豹熊羆獅

清　徐鶴令〈方山採石歌〉

以瑩潔　瑰麗　古樸　高雅著稱
以圓雕　鑲雕　浮雕
　線刻　鑲嵌　多樣表現
因材施藝　俏色精工
集雕　刻　塑的
造型藝術於一爐
巧匠斲山奏刀
絕藝使出　萬籟齊鳴

樂清北雁蕩山

雁蕩山水　雄偉奇特　甲於全球

近代　康有為

大觀

其一

山水雁蕩　「天下奇秀」
峰奇　嶂奇　洞奇　瀑奇
不附五嶽　不類他山　不能想像
「欲窮雁山之勝　非飛仙不能」
「不游雁蕩是虛生」

註：「　」中分別引自北宋・沈括語、明・徐霞客語、清・江弢叔句。

其二

神奇雁蕩
古火山天然博物館
地質韻味獨特
世界地質觀察點

穹崖巨谷　岩開太古
森然與雲霧爭幻
雕鏤成奇巧百態

百二奇峰　變換闔辟
除卻雁蕩不是山

註：明．徐霞客稱贊雁蕩山云：「銳峰疊嶂，左右環間，奇巧百出，眞天下奇觀。」聯合國伊德博士說：「雁蕩山是一首岩石，水流和生命的交響曲，是世界奇觀。」

瀧湫院

紀念高僧觀瀑坐化而建
必竟坐相終成水相
高僧八百弟子
千佛峰也成坐相
迎接人潮觀水潮
一心執著水相
何暇分辨心相水相
究竟水裡生　水外生

註：龍湫院位於大龍湫停車場旁，清乾隆年間遷建，民國二十四年重建。高僧指西域羅漢諾巨尊者（十八羅漢之一）相傳東晉時他率八百弟子從四川至雁蕩山觀瀑坐化後，衆弟子化爲千佛峰崖間凹凸參差，形態各異的石佛（指衆多長條狀的峰石）在此迎接邀人前往大瀧湫。

剪刀峰

遠望雙峰截紫霓
尖叉棱角有高低
倘非山裏藏刀尺
那得秋雲片片剪
清　袁枚

二股相倚　剪斷行雲
步移形換形無窮（註）
石紋書畫圖紋
雙馬奔騰　狂草「龍」字
山景山形
果真能表情

註：依游履前進次序，九種變態分別是鱷魚出水、剪刀峰、昭君出塞、玉蘭含苞、啄木鳥、狗熊偷蜜、桅杆峰、一帆峰、雙帆峰。

大龍湫飛瀑

五丈以上尚是水
十丈以下全為煙
況復百丈與千丈
水雲煙霧誰分焉
清　袁枚〈觀大龍湫〉

其一

六龍卷海上霄漢
萬馬嘶風下雪域
忘歸亭楹聯

何曾貼石流
白龍飛下精沫瀉
凌空自舞漱寒玉
時或化飛雪　若散珠　飄輕煙

何時龍已去
猶留「玉虬鱗甲滿天飛」
何以忘歸去
嘆為觀止看不足
雲漠漠　雨濛濛
忘歸亭前
都是忘歸人

註：瀑前高埠稱宴坐峰，上有觀瀑亭，相傳爲高僧諾巨尊者觀瀑坐化處，後人築亭紀念，初名宴坐亭，清末重修改名忘歸亭。亭所鐫楹聯，係選自元·林泉生七律〈寄題大龍湫和李五峰韻〉的頷聯。

其二

諾巨妙諦憑誰會
坐到忘言卻是詩
現代　吳鷺山〈觀大瀧湫〉

潭清百慮空
尊者晏坐本來面目
徐霞客觀瀑騰空飛蕩
心目眩怖　踞坐不欲歸
才子袁枚觀瀑驚為飛仙
生花妙筆　道盡千萬形
水因天風激蕩　一派天花
詩因山靈助長　一任天真
水變佔盡天地奇觀
詩句窮究天人真詮
真源水源　景源詩源

其三

斷虹掛日時高下
匹練飄風乍有無
噓氣恍疑通帝座
標奇真已冠仙都
明　鄭汝璧〈大龍湫〉

所謂山水秘藏奧區府
仙家飛昇處
詩眼湧出點
奇秀賞心　莫大於斯

所謂水態變幻
春雨織素練　玉龍披紗
盛夏雷霆雨　銀龍怒吼
秋冬生白煙　遊龍飄舞
其形極盡於斯

忽開忽合　忽分忽散
已經墜下突然又盤旋
突然又像簾蓬倒捲
白龍頃刻間又突然
無影無踪
其態盡出於斯

所謂風水搖蕩
精光射日　光涵海日
非青非紅　映成斑爛晴虹
所謂光影交融
其顏皆現於斯

所以「詩雄」才說（註）
「欲寫龍湫難下筆」

註：江弢叔，清代詩人。其詩：「戛戛乎超出流俗」，有「咸、同間詩雄」之譽。

方洞懸崖石行廊

此身已作圖南翼
猶指雲霄向北看
明　皇甫汸〈馬鞍嶺〉

高山仰止疑無路
當年徐霞客探奇無路
今日雲崖天廊
幽徑通幽別有天

無數奇石　諸多山洞
方洞洞中　天根月窟
朝暮有雲封
人間清虛景

奇峯雄嶂景色「曠」
或屏風方整立
似觀音駕雲過
像仙人列隊站

飛梁如虹夾雲根
仰天湖清漪敞虛靜

註：石行廊位於列位嶂（因嶂上有許多縱向紋理似人形而得名）腰部，其上有玉屏嶂、觀音峰等。方洞內有蓮台峰，壽星岩、鴛鴦石和神雕振翅等景點。石行廊東端有鐵索橋，可覽東嶢闕中風光，頗有柳宗元「曠」的景色序列。

靈岩寺

天門龍跳碧巉天
壁硝壺方與嶠園
近代　康有為

谷口二岩　東如鐘　西如鼓
誰識無窮響
禪誦何曾歇

寺左一峰　如旗開八面
寺右一峰　如孤根插天
氣勢磅礴　相對如門

寺後有峰
平整方展如立一屏障
岩壁石紋如五彩圖案
峰上有石如頂珠

有景如金烏　玉兔
到此頓悟群山布列之妙
奔騰之姿
前人遊雁蕩即遊此
「雁山明庭」　十足「奧」趣(註一)
「雁蕩之美以靈岩為第一」(註二)

註一：靈岩寺四匝皆奇峰雄嶂，屏霞嶂居北在寺後。寺前左展旗峰，右天柱峰，矗立成門（南天門），儼若庭院，二峰旁其他峰巒，則如庭院兩側廂房。史上稱「雁山明庭」而贊不絕口。寺景深藏安禪谷內，谷外一無所見，正是柳宗元所說的「奧」的景區。

註二：近代．康有爲語。

天窗洞

僻洞幽深間道通
吹風透日故名窗
千層絕壁攀藤上
誰道崔嵬不可窮
明 王光美

下大上尖 險怪陡峭
「轉鳴甕中」(註一)
深邃不見底
洞外二圓穴
天光透入 如天窗
似人目
洞側一長穴
天光射入 像人耳

人間亦可聞天聽
天聽從來達天聽
一竅虛靈 別有一境
嶂左第一奇(註二)

註一：「天窗洞」又名「天聰洞」，位於屏霞嶂左首，嵌於大小展旗峰之間。向洞裡投下石塊，能聽到聲如「轉鳴甕中」的滾動聲。

註二：明．徐霞客先生語。

龍鼻洞

神斧鑱削露鱗甲
洪濤沖激遺筋骸

清　蘇昌

山靈留孔
尚存水痕色
青壁石潤
尚有蜿蜒迹
雲斷天乾　驅龍出山
「天開圖畫」　徒留舊話
鼻爪雖已不全
水滴雖已不滴
真形猶隱「雁山碑窟」

洞頂溫泉
傳說羅漢曾沐浴
嶂右第一奇（註）

註：明·徐霞客先生語。

洞位於靈岩寺後插龍峰間。洞既高又深，洞頂有石紋如龍鱗，蜿蜒而下直至洞底鼻形巨岩，似一條倒掛的石龍。鼻端有孔，一滴滴地向外滴水，稱「龍鼻水」。昔日寺僧以石盂承接，供游人品嚐洗目。清代中葉後，因傳聞龍鼻中結冰能治百病，遠近之人競相敲剝鼻上石片，致使龍鼻受損，龍爪亦不復見。

「龍鼻洞」以九十多處的摩崖碑刻，譽爲「雁山碑窟」。「天開圖畫」碑刻傳係南宋·朱熹手書。

靈峰夜景

牛眠靈峰靜　夫妻月下戀
牧童偷偷看　婆婆羞轉臉
民諺

夜裡看山多想像
白天是「合掌」
晚上是「夫妻」
時辰位置不同
形象截然不同

人物動物的峰巒剪影
連環圖似的畫卷
夢幻似的迷離

日景很耐看
夜景更消魂

天台山風光

龍樓鳳闕不肯住
飛騰直欲天台去
唐　李白

國清講寺

物外千年寺　人間四絕名
宋　洪通〈國清寺〉

豐干橋

青山和古木和黃墻
襯托的石橋
橋下「雙澗迴瀾」
「一行到此水西流」(註一)

一行大師　千里求算
真誠感天動地
虛心求教的千古佳話
過橋東向　「隋代古剎」(註二)
「教觀總持」(註三)
天台宗的根本道場

註一：唐·高僧一行爲修訂「大衍曆」曾至國清寺向達眞和尙請教，是時山洪暴漲，東澗水猛漲倒流至西澗中。

註二：趙樸初手迹，「隋」爲古體的「隋」字。

註三：「教」指佛教的教理教義，即理論。「觀」指觀心觀法，體現佛教經典眞理的修持方法，即實踐。「總持」梵語，意譯是一種記憶術，演繹爲「制心一處，念念不離。」「教觀總持」簡言之即「理論與實踐相結合。」是天台宗立宗之本。

山門

行至佛寺不見寺
停立門前門何處
山門隱於照壁後
檐下挑出兩個垂蓮柱
兩側砌成八字墻
山門好似雙臂張開迎來客
門是不二法門
一切凡聖無不從此出入
不從他人行處行
一起直入如來地
祈求國家清平
　天下太平

隋梅

剪取東風第一枝
半窗疏影坐題詩
不須脂粉添顏色
猶憶天台相見時
今人 鄧拓

開山祖師手栽的
稀世古樹
寺僧言之鑿鑿的
通靈奇迹

寺遭滅頂時
樹也乾枯葉萎
寺受關注時
支幹竟新生氣根
寺開始整修時

梅花數朵開
寺修復竣工時
梅花盛開 重新結子
文革結束 改革開放
梅花越開越茂盛

矮墻高枝百代開
隋梅唐松槐
榮枯滄桑多變

註：隋梅位於大雄寶殿東側，國清寺開山祖師是章安灌頂大師。
隋梅高踞墻頭，主幹已霉朽漸盡，次幹則枝繁葉茂。

智者院

宗依法華　判釋五時八教
行在止觀　總持百界千如
清　照照龕主

「東土靈山」　「東土小釋迦」
「天台佛」　「東方黑格爾」(註一)
妙悟立說　融通「法華」
開宗從大師始
「諸惡莫作　眾善奉行
自淨其意　是諸佛教」
即所謂「止」
「諸法不牢固　常在於念中
己解見空者　一切無想念」
即達到「觀」
大師諦理至今傳(註二)
信念虔虔　靈光燦燦

註一：智者大師創造性地將佛教漢化，以《妙法蓮華經》爲宗旨，建立中土第一個教派－天台宗，被佛教界譽爲「東土小釋迦」。唐．柳公權曾題「天台佛」，天台宗發祥地，亦被尊爲「東土靈山」。大師所創的天台宗深富哲理，被哲學界譽爲「東方的黑格爾」，在隋唐哲學史上有重要的地位。

註二：天台宗的中心理論是「性具實相」，包括「三諦圓融」和「一念三千」。其修持是「止觀並重、定慧雙修」。「止」就是止息忘心，進入禪定。「觀」就是觀想思考，獲得般若智慧。

三賢院

看彼貌　道耶　僧耶　隱耶　儒耶
深觀畢竟文殊相
讀伊詩　雅語　俗語　莊語　趣語
細品無非警世言

今人　許尚樞

原是豐干居住地
原稱虎嘯堂
三賢古迹　超脱塵根
題字樹石間
一詩一偈皆妙諦
「寒山住寒山　拾得自拾得」
或僧或隱悉妙相
豐干饒舌
不妨菩薩示現

「無嗔即是戒　心淨即出家」
佛理只是「隨時」
院中三泉清澈
旱天不淺　雨天不滿
小園清幽　園側通大雄寶殿

註：三賢院位於妙法堂東側，宋時稱「三隱院」，殿旁石碑：「唐貞元間，國清寺高僧寒山、拾得、豐干三尊宿，據傳係文殊、普賢、彌陀三大士示現，故稱三賢也。」豐干曾爲國清寺舂米僧，有人問他佛理，只答「隨時」二字。他騎虎出入，衆僧俱怕。院原是豐干居處，常聞虎嘯。爲記念豐干、寒山與拾得改爲「三賢院」。

「」中係拾得詩句。

鵝字碑

龍躍天門　虎臥鳳闕的大「鵝」字
書聖揮就「獨筆鵝」
右邊是真迹
「製巨筆圍尺許
趁勢摹仿　歷六七寒暑」
左邊是補筆
一氣呵成　渾然一體

書聖書藝　同混天之理
補書艱辛　同彌天之勤

註：志書云：「王右軍鵝字碑，樹於華頂墨池左側」。清代天台書法家曹倫選在華頂訪勝時有幸挖掘出，惟碑殘字缺，經曹氏努力補書，絕世佳作再現人間。碑在三聖殿東首的蓮船室墻壁上。

隋塔

高塔倚雲標佛國
好花迎客上仙台
明　蔡潮〈國清寺〉

見塔如見佛
挺秀於長松巨樟間
塔與山渾然一體
仍不偏不倚　密絲合縫

塔形似杭州六和塔
塔影涵太古空茫色

殘存塔身　風采依舊
塔壁佛像
秀眉善目　精美不減

下方廣寺

佛言震旦天台山石橋方廣聖寺
五百大羅漢居焉
《西域記》

四山翠凝綠漪
一路聽泉到古寺
泉源竟是飛瀑
大阿羅尊者　卓錫此處
可是因「石樑飛瀑」是
天下「第一奇觀」(註一)
橫石曾洞開　梁道曾平坦
高僧曾見六丈金身(註二)
應化顯示遊戲習定於林間石上
羅漢形相不是法相
原是出家眾僧相

瞬息萬變　目不暇接
非異非同　即變即一
會聚此天工洞天　耽於山水
山籟水韻　佛唱聲清
「總合三百六十擊鐘鼓聲　無聲不寂」(註三)
山顏水色　貝葉色青
「更兼四萬八千丈峯巒色　有色皆空」(註四)

註一：北宋·米芾摩崖石刻，位於寺附近。
註二：東晉·高僧曇猷在寺中修持時，曾與居棲此山的五百羅漢相聚，事見南朝梁《高僧傳》。方廣寺的前身爲石梁橋畔的石橋寺，寺分上、中、下三寺，上寺因火劫廢圮，中寺整修中，下寺位居石梁之下（供有五百羅漢木雕像，部份係晉代原作）。
註三：中方廣寺舊有楹聯。
註四：同註三。

石樑飛瀑

遠看石樑如龜背龍身　巨蟒匍匐
近看石樑如屋樑　橫架兩崖間
石樑如天生橋
脊面隆起　樑底空洞
飛瀑穿越樑洞峭壁
萬匹駿馬下注千丈坡　直搗深潭
瀑下仰視　長虹偃伏匹練飛
瀑以樑奇　樑以瀑險
山　石　水　奇妙結合　巧奪天工

山僧當年踏樑履險越飛瀑
每日銅亭上香　亭外竟無立錐地
出家為僧　其難其險也如此
徐霞客一日三訪　情有獨鍾
反復盤桓　暝色四下猶不欲歸

瓊台仙谷

青衣約我遊瓊台
琪木花芳九葉開
天風飄香不點地
千片萬片絕塵埃
唐　李白〈瓊台〉

其一

層巒疊嶂
碧玉連環洞中天
靈溪清脈
水光迷濛生青煙
懸空廊裡　參「通去」妙旨
九峰台上　數八仙石像

百丈瀑布　飛珠濺玉
潛龍生輝　噴薄而出
棧道淩雲
過此便登天界上

註：谷位於桐柏山水庫西北。谷中峰、岩、瀑、溪、潭齊全，以雄、奇、幽、秀著稱。瓊台奇峰秀甲天台山，「瓊台夜月」列爲天台八景之一。明代尙書王思任經實地考察後，將「瓊台仙谷」視爲天台百景之首。歷代高道相繼入山修煉，南宋·張伯瑞在此開創道教南宗，被尊爲「紫陽眞人」。歷代名士如孫綽、杜甫、孟浩然、朱熹、康有爲等都在此留有墨寶和詩文。亦是明·徐霞客首游地，曾二次造訪瓊台。岩壁上刻有王羲之的墨寶「通玄」二字。

其二

迴然卓立　形如馬鞍
憑空座落深壑中
兩側各有一峰　形如雙闕
綠樹環繞翠如洗
何人不在畫圖中

崢嶸萬仞巔
塊然巨石
凹陷如椅　如佛龕
仙人何時
琢削成此仙人座
八月十五夜
鐵柺李椅上賞月

妙境通天難言其中妙
真實人間仙景

濟公故里

入如是居　清風明月貫古今
參濟民道　天理人情悟假真
故里門聯

李府宅第．隴西園

內聚佛國之靈氣
外擷仙山之精華
三透九明堂　四水歸堂
涵浙東民居之特色

隴西園中　玲瓏釣月亭
「神童故地曾釣月」(註一)
水月如何釣
「咦　一輪明月浸波中
萬里碧天光皎潔」(註二)

「浩瀚宇宙　活佛普天任耕雲」(註三)
此處是濟公出身的「源地」
到此為了與活佛結「善緣」
求得終身「圓滿」

註一：釣月亭楹聯。
註二：濟公〈撒骨文〉詩中句。
註三：同註一。
濟公俗名李修元，南宋人，西元一一三〇（一說一一四八）至一二〇九年。列爲禪宗第五十祖，楊岐派第六祖，法名道濟。係宋太宗駙馬鎮國軍鎮度使李遵勖裔孫。故里在天台古城北門外赤城路永寧村石墻頭，二〇〇三年原址重建。分爲祖居、隴西園、觀霞閣三大景區。園內假山石上刻「源」、「緣」、「圓」三字，音同意不同，可分可合，意味無窮。

濟佛殿

說道非道每從無道行有道
似癲不癲應是形癲神未癲
濟佛殿楹聯

其一

迎面一尊濟公純白玉塑立像
頸掛佛珠
「小變沙門戒律
大展佛法宏圖」
右手捏把破蕉扇
「琴為風拂宛禪談」
左手提雙破僧鞋
「一腳踼倒朱山
全無掛礙」
胸前掛隻酒葫蘆
「唱小詞　聲聲般若
飲美酒　碗碗曹溪」
神態一付〈神子贊〉中
「有一日倒騎驢子歸天嶺
釣月耕雲自琢磨」
「四大皆空不用參」

註：「　」中詩文句，分別引自濟公撰：〈自撰聯〉、〈贈趙太守〉、〈寄少林和尚〉、〈自述〉、〈神子贊〉。

其二

「人俱笑我癲倒」
真癲假癲
何必嗤其癲
「佛門廣大　豈不容一癲僧」（註一）
「我卻自認瘋狂」
不坐禪　不念經
鬥蟋蟀　下圍棋
空門裡酒肉來回
「法律之設原為常人
豈可一概而施」（註二）
「醉昏昏　偏有清頭」
忙碌碌地　救死救弱
　　　　　濟危濟困

「大慈大悲大仁大慧
紫金羅漢阿那尊者
神功廣濟先師
三元贊化天尊」
三十八字尊號
集儒　釋　道於一身
神化極致的活佛

註一：杭州靈隱寺方丈瞎堂慧遠禪師語。禪師曾為濟公授具足戒。
註二：同註一。
其餘「　」中文句，係引自濟公撰〈自述〉。

其三

無色有心　有染無著
「唯同詩酒是因緣」（註一）
詩偈火裡蓮花
酒氣醺退俗氣
疏狀一成　傾動京師
酒壺一開　佛法出來
動靜虛實　豈論真假
「見真不見　假不假」（註二）
醉即醒　醒即醉
自覺覺他成真佛

註一：濟公撰〈贈馮太尉〉詩中句。
註二：濟公撰〈西歸口頌〉中句。

其四

逃空虛與市井浮沉
戲謔談笑間　神出鬼沒
最厭莊嚴
誰說率真不是天真
最愛沽酒
誰說醉了不能見如來
「湖隱」何讓「三寺隱」（註一）
「祇因面目無人識
又來天台走一趟」（註二）

註一：「湖隱」為濟公別號。「三寺隱」指天台國清寺豐干、寒山、拾得三賢。
註二：濟公撰〈頌付沈萬法〉詩中句。

醉仙樓

佯醉壺中酒
閑觀世上人
醉仙樓楹聯

樓相對觀霞閣
閣遙對赤城山（註一）
樓頂閃閃發光金葫蘆
樓著意濟公〈醉傲〉詩作（註二）
「酒肉穿腸過
佛祖心中留」
登樓　「好同我佛共開懷」（註三）
「醉了醒　醒了醉
全虧佛力」（註四）
看去「似失僧規」
其實「借此通笑罵之禪
賴斯混風癲之迹」（註五）
登樓　且用心尋得
濟公酒間情懷

註一：赤城山是濟公少年讀書悟禪之地，現建有濟公院

註二：濟公撰〈醉傲〉：「醉傲風癲卒未休，杖頭明月冠南州。轉身移步誰能解，雪履蘆花十二樓。」

註三：醉仙樓楹聯。

註四：濟公撰〈酒懷〉文中句。

註五：同註四。

南海普陀山

蘭若孤懸大海中
山根四面插蛟宮
明 屠隆〈遊普陀〉

大觀

蘭山搖動秀山舞
小白桃花半吞吐
宋 蘇東坡〈送馮判官至昌國〉

以山而兼海之勝
山如蒼龍臥海
觀音在此現身
朝廷欽命在此建寺
山當曲處皆藏寺
海天佛國 佛 海 山兼勝

慈雲庵

慈燈慧鏡 日月長明
雲蒸霞蔚 法雨弘施
大殿楹聯

慈雲本就廣覆
如來慈心 如彼大雲
何曾須臾不呵護
只是世人太不珍惜

「慈者 愛出於心 恩被於物」（註）
觀世音菩薩 大慈大悲
度一切眾生 無有阻擋
朝山進香 禮拜觀音
第一先到慈雲庵

註：唐·孔穎達語。

南天門

喜從南海見南山
直接天門未易攀
恰似倒流三峽水
怒潮日夜響潺湲
清　祝德風〈南山〉

兩石壁立如門　條石横亘
總兵題「山海大觀」
岩群叢秀　摩崖石刻豐富
「龍眼泉」如人目　倒影海天星色
石隙如鼻泛沫　下通流泉

獅子岩頂圍坐
聽怒濤獅子吼
「鼓石」應空作響
一時龍華大會中

大觀蓬

入眼濤白　煙波浩渺地
大觀無我　萬法皆空時
大觀蓬門前石上對聯

到此方知　山海如此大觀
化日光天　大觀在上

觀音漂海而來
慈波度苦厄
悲浪化眾生

眼前天水茫茫　到處塵空
禪定若水時　心蓮自現

註：大觀蓬位於南天門獅子岩旁，倚岩瀕海，山島竦峙。供奉白玉漂海觀音像。

紫竹林禪院

度龍王讓地　遍山石頭開紫竹
化扶桑留步　滿海波濤湧白蓮
山石對聯

香道護坎　石暈斑斕
潑墨竹形花
紫竹林中觀世音
白蓮台上慈悲主

紫竹成林　一片深紫秀麗色
凌風展枝迎潮音

註；禪院原稱「聽潮庵」，主供漢白玉紫竹觀音（一稱南海觀音）。紫竹石亦稱「觀音石」，島上特有，石白質黑章，斑紋似竹形。前往紫竹林的護坎欄杆，全用紫竹石嵌砌。

不肯去觀音院

觀音過此不肯去
海上神山湧普陀
近代　康有為

觀音緣何不肯去
不肯去　名山垂真迹

當年慧鍔大師留觀音像
有心無心　有感遂通
菩薩心本通人心
人心本有菩薩心
只要常存真本心
潮音起落　念念常念觀世音

註：二〇〇〇年重建，三間古樸典雅仿唐式殿房，供奉唐式不肯去觀音像。

潮音洞

縱有繡腸描不出
直須絕倒叫神奇
明　徐如翰

嶙峋倒插　半浸海中
中廣如室　浮光虹影
浪沫下拒上湧　直沖「天窗」
擊碎冰壺　散落瓊瑤
灑來洞穴霧淞面
激向洞中弄明珠

絕壁雷霆　鯨吼鰲翻
老樹吟風　鶴唳碧空
一時清越俱作梵音響
「古洞潮音」　僧人悦參
競相傳說　觀音在此聽潮音

洛迦山

絕海浮空島嶼靈
上方宮闕倚天青
蓬萊清境非人世
好斫珊瑚蓋華亭
清　周聖化〈遊洛迦山〉

遠望如海上大臥佛
嵯峨礁石如玉色珊瑚
綠蔭掩映莊嚴禪院諸相
天開圖畫路演示真偈
海上起蓮花湧現道心

觀音菩薩在此地發迹修行
觀音大士由此地邁步跨越去普陀
洛迦入定　梵音現身
遊瑠璃界　同登覺岸

普濟禪院

茫茫鷲嶺水雲賒
今古莊嚴大士家
明　李應詔〈寶陀寺〉

大圓通寶殿　活大殿
百人共入不覺寬
千人齊登不覺擠
大毗盧觀音像　觀照自若

大殿兩旁　觀音三十二應化身
有男有女　有老有少
有文有武　有美有醜
豈止三十二　隨類現身
千百億化身
只要因緣具定
做所當作　不關其他

海印池

海的深廣如天
能印象一切現象
佛的智慧如海
能印理一切法相

觀世音菩薩是普渡眾生
往生「蓮邦」的「蓮花部主」
極樂世界稱「蓮邦」
彼土眾生總以蓮花為所居

池水清瑩湛然　四周古樟參天
「看取蓮花淨　方知不染心」（註）
映月鑒影　非空非色

註：唐·孟浩然〈大禹寺義公禪〉詩中句。
「海印池」又稱「蓮花池」，位於普濟禪院前。

多寶塔

七級浮屠湧梵宮
晨昏鐘韻徹穹窿
一聲乍入時人耳
無限勞生覺夢空

清　李應麟〈寶塔聞鐘〉

太湖石砌成的有台無檐五層方塔
元代藏傳佛教的建築風格
天雨「神龍垂涎」（註）
塔院中聽寺鐘　聽潮音
「海山第一」　其妙莫名

註：石塔欄下雕龍首二十個，作張口吐水狀，天雨水自龍口流溢如「神龍垂涎」。塔位於普濟禪寺東南，海印池旁。

百步沙·師石

太子塔前沙　臨風散似霞
至今卷石在　不見惹微瑕

今人　胡紹家〈百步沙〉

新月形細沙灘　沙色如金
遠看金布地
金屑軟如茵　如鋪茵設席
疑似赤足踏金蓮　不濡不陷

礁石如床　上有一石挺拔似城堡
「形奇怪　俗氣絕　耐風雨　質堅潔
能擋怒潮　能磨頑鐵」（註）
斯石如斯　足可為師
回頭是岸　可見真心

註：今人·徐伯翹題字「師石」詞。

法華洞

游山須選峰　峰峰必造極
試問何處佳　法華最奇特
明　洪陳斌

方圓巨石　自相壘架
東西二三里　天然洞壑數十處
空隙可容行
空曠供石像
空罅滴泉涓
空靈不可說名狀
東天門上法華樓
樓前碧海萬丈

註；洞位於普濟禪寺後二百公尺。「法華靈洞」普陀山十二景之一。

南海觀音銅像

金身全身菩薩大立像
左手托法輪
降伏四方　摧破邪念
千手護持登佛地
右手施無畏印
盡滅諸煩惱炙焰
示汝大方便
至此耳目清爽復氣順脈暢
從此大士出塵相共成心相

註：菩薩像係新型仿金銅精鑄，重七十餘噸，總高三十三公尺。開光日曾出現雲開日現，「天窗」中觀音示像的靈異奇觀。銅像現已成爲普陀山的耀目標誌。

西方庵

決心求生　效匡廬結社修淨業
專心憶念　惟補怛建寺繼遺風
念佛堂楹聯

專宗彌陀淨土的道場
淨念相繼　念念相續
「一心持名自可妙契實相」（註）
「一心西馳」　以念佛為事業
白玉方橋　玉石蓮池
玉雕「蓮池海會」圖
玲瓏庭院中　遍體清涼

註：庵內圓通殿楹聯句。西方庵位於「觀音跳」上方，庵內專設「慧鍔大師紀念堂」，精緻雅典，日本三十七所觀音靈場的本源。

觀音跳・觀音眺

觀音大士聞思修
洛迦成道駕慈舟
慶雲堆裡現示迹
萬古千秋永存留
石上題刻

「弘揚佛法　不惜奮身一跳留勝迹」（註）
何處無真身示觀
常從石上眺望大海
觀音反觀自身
慧眼望蒼生

註：西方庵圓通寶殿楹聯句。西方庵南下海邊岸崖上臥一平坦巨石即觀音跳（眺），石上腳印約零點三三公尺長，趾跗分明。

觀音古洞

地勢磨旋海　岩形笠覆僧

清　許琰

天然古洞　儼然石室
周匝空靈可環走
石柱林立如張華蓋
石乳倒懸如雲下垂
楊枝觀音藝術妙相
瑞氣遮迎　玉面生天喜
石壁詩句請一讀

註：古洞位於西天景區梅岑山脈西麓，洞前庵內有浙江美術學院院長陳長庚塑高五公尺觀音像。庵外石壁刻有吳邁民國二十二年詩作，意爲身游仙境，莫忘抗日。

二龜聽法石

聽法豈無人　水族反得度
千載留磐石　令人屢回頭

清　孫渭

上龜回首顧盼　似嗔似戀
下龜昂首延頸　緣石而上
佛門傳説　傳説奇
兩龜龍宮二神龜
聽法不肯去
菩薩點化成石
在此永久聽法
民間傳説　傳説妙
觀音弟子中一對青年男女
佛經未悟反成情侶

罰作石龜猶忠貞不二
竊敘衷腸　千年如一
詩人另有說法
「二龜何事翻成石
想是當年不解聽」(註一)
詩人美好幻想
「指看盤石有時飛
兩龜赤眼應能走」(註二)
指點二龜出路
寄予無限安慰
天工技藝高超
極為傳神

註一：清·何月生詩句。
註二：清·萬言詩句。

磐陀石

金剛寶石　一心翹覲觀自在
百城煙水　萬里徧參善知識
靈石禪院楹聯

兩石相疊如盤
相疊處間隙如線
睨之若明　似接未接
似一石懸於另一石之上
石險如滾卵
石上多一點(註一)
巋然不動不搖
安如泰山
「大士說法處」
「西天」所在處

「通靈寶玉」即此
「金剛寶石」(註二)
天造地設　不可思議
「天下第一石」
石上猶帶夕陽紅(註三)

註一：「磐陀石」三字係明代抗倭名將侯繼高所書，其中「磐陀石」的「石」字上多加了一點。據說，侯繼高題寫時，此石左右晃動，危危欲墜，於是他在「石」字上多加了一點，「磐陀石」便穩穩當當地固定住了。

註二：「磐陀石」由上，下兩塊巨石相疊而成，上石上寬下銳，高三公尺，寬近七公尺，頂巔平坦，可容三十人左右；下石周長二十多公尺，將上石托住。「磐陀石」背面題有「大士說法處」、「天下第一石」、「西天」、「金剛寶石」、「天下第一石」等等。其怪險，爲普陀勝境之絕。據說《西遊記》中的「西天」便在此處。《紅樓夢》中，賈寶玉頸間所掛的上寬下窄，玲瓏剔透，可鎮妖治邪的「通靈寶玉」和此「金剛寶石」形意酷似。

註三：「磐陀石」上鑿有石階，緣階可至石頂。夕陽西下時，石披金裝，燦然生輝。石頂環眺山海，洋洋大觀，景色壯奇。「磐陀夕陽」爲普陀山十二景之一。普陀山十二景指的是：蓮洋午渡、梅灣春曉、蓮池夜月、古洞潮音、千步金沙、茶山夙霧、短姑聖迹、磐陀夕照、法華靈洞、朝陽湧日、光熙雪霽、天門清梵。

梅福庵·煉丹洞

行義何妨又潔身
梅花獨占首陽春
尋來丹井今猶在
無復當年跨鶴人
今人　僧人法堤

古樟蒼松中精巧堂舍　窗几潔淨
比丘尼隨喜好客　何妨小隱
慈眉笑容　幾份仙氣語多玄機

留得「煉丹靈佑洞」　洞幽如室
壁岩嶙峋似龍虎獅象
仙童葫蘆出仙水
涓涓滴滴盡蓄萬年春

註；西漢高士梅福厭惡王莽擅權，在此隱居修行，煉丹採藥，救濟眾生。

圓通庵·銅殿

欲知堂奧幽深　更進一步
要識門庭廣大　如在孤峰
正法明如來銅殿楹聯

「圓通岩」上「圓通境」
茂林叢翠丹楓紅
圓通大士　示現滿月相
康有為題「海天第一庵」

中土第一銅殿　耀光奪目
觀音美玉精雕像
可從瑞光識得莊嚴相
「普明照世」　捧出大悲心

註：銅殿重檐歇山樓閣式，氣勢雄偉，重達一八〇公噸。結合頤和園萬壽山銅殿和法雨寺御碑殿的建築風格。

心字石

海山勝迹在西天
一字紅心耀眼光
恒作人間功德事
是心即佛量無前
現代 張性初〈心字石〉

心懷博大大「心」字
既見大「心」字
何妨起心求佛心法
心外無法 「三界唯一法」
心成即佛成 佛即是心

註：「心」字位於圓通庵下行路旁，民初僧寶頭鐫，字長五公尺，寬七公尺，中心一點可容八、九人同坐，整個「心」字可容近百人打坐。相傳觀音曾在此說《心經》。

慧濟禪院

蓮花海洋全面碧波光明洞澈琉璃界
補怛洛迦彼山清淨雲霧獨秀佛頂峰
佛頂山牌坊柱聯

佛頂頂佛 呼吸通海天
觀音寶殿聖觀音像
菩薩正體正觀音
四壁形態各異
歷代精彩觀音石刻寶像一二三尊
菩薩與娑婆眾生因緣特深
珍貴普陀鵝耳櫪
樹枝駢出規律轉向九十度
山巔天燈塔
曾現海市蜃樓
靈山本多奇樹和奇景

梵音洞

潮鼓盡成仙鼓舞
山光俱是佛光輝
清 方允猷〈天門清梵〉

屈曲通海 杳冥寒陰
崩石疊集 異態紛呈
驚濤撼洞 海潮雷鳴深
梵音不絕 佛陀教誨意（註）
橫石如橋架洞腰
石台如座懸兩崖
庵台面洞 人人禮佛求現
「一誠有感」
十分虔誠 心無雜念
如果有緣 菩薩自會顯現
一心琢磨
如何才得見觀音
將信將疑 菩薩如何與你感應

註：梵音洞位於普陀山島東盡處，兩側峭壁，相合如河中嵌一石珠，陡峭危壁，氣勢磅礡，他洞所莫及。洞上方建有庵，洞壁建有瞻聖閣，供奉鰲魚觀音，傳菩薩現身於洞中。閣內匾額題：「一誠有感」。「梵音」：一說是佛菩薩說法的聲音；一說是梵音洞海浪拍擊礁石所發之聲。佛三十二相中有「梵音相」，據《大智度論》：佛的梵音有五種清淨音。聽聞梵音洞如雷鳴般的海潮音，如聆聽佛陀的諄諄教導。筆者於二〇〇六年十月二十八日在瞻聖閣內得睹觀音聖容，石光水波間，朦朧白色身影，時浮時隱。眞緣耶！際會乎！

法雨寺

錦屏原好圍詩課
花雨飛來洗道場
現代　僧人鐵蓮
〈錦屏丈室落成誌喜〉

九龍殿　明故宮舊物
大銀杏　奇形龍鳳相
滿山紅霞楓香林
樹搖風籟出禪機

印光大師寺中三十八年
足不出户勤修行
不收徒眾　不主寺刹
惟以寫字與人結緣
清純恬淡　孤高耿介
啓教普陀　宏開淨土
風範最為弘一大師推崇

仙人井

壽春仙尉早忘家
避地終浮海外槎
一斛澄波贏萬頃
至今猶宿漢煙霞
清　裘璉〈仙人井〉

井窟老樹冠如華蓋
夏天寒氣逼人
冬天溫暖宜人
醇正清澄　甘美潤澤
旱時不減　澇時不增
信士視此水為大悲法水
醍醐入口　心地清涼

註：井位於幾寶嶺南麓，玉堂街右側。相傳歷代羽客仙人如秦·安期生、漢·梅福，晉·葛洪等都來此汲水製丹。

朝陽洞·觀日閣

朝朝紅日漾深淵
破曉無如此洞先
莫謂江南春信早
朝陽花木發春前

今人　何勝

廣不逾丈　卻幽邃窮冥
破浪長風　長歌引興長
波搖光彩　洗盡靈根
雪濤拍崖　擊出玲瓏石
那還堪聽人間絲竹聲
黛色未分時
宿霧籠罩時
海上曙光
首先映照朝陽洞

楊枝庵·楊枝觀音碑

楊枝露灑頓悟禪悅
酥酡香滿咸養頤和

楊枝庵楹聯

閻本立唯一傳世的菩薩像
一時妙墨　百代欽崇
庵外羅漢古松蔭護
庵內花木扶疏
圓明清涼　芝華幽情
潔靜頤養淨域
遠離紅塵　每日都波瀾不驚

註：庵在法雨寺景區清涼崗象王峯下。庵南側現為普陀山全山僧眾頤養天年的頤養堂。唐·閻本立的「楊枝觀音」石勒碑刻像、多寶塔、法雨寺九龍殿、佛頂山鵝耳櫪樹，並列「普陀四寶」。

伴山庵

地僻雲爭宿
林深鶴易回
伴山今日伴
踪迹悔塵埃

清　許琰

「半山」清蔭處
崗影「伴雲」出沒
花潔泉清
留山真面目
青山碧海藍天間
千手觀音聖像露真容
觀身觀受觀聲觀色
深察微觀世界

觀音用千眼照見眾生的煩惱
大智大慧大慈大悲
廣盡廣大眾生
觀音用千手拔除眾生的苦難
何處不顯清淨身
何處不施無畏力
畢竟是救苦救難人

註：伴山庵在象王峰東北麓山腰，亦名伴雲庵、半山庵。景致幽雅，精舍幽絕，主殿供奉白玉十一面千手觀音聖像。普陀山佛教學院尼眾正科班設於庵內。

雙泉庵

僧開法華經法會
佛法如「天風海濤」　正理之劍
「不壞法雲　遍覆一切」
正劍摧劈一切邪知邪見
法雲普蔭一切有情眾生
使得三界火宅　得以清涼
有感即應　岩下湧雙泉
雙泉已成放生池
寶鼎新鑄　氣象煥然

註：庵位於象王峯東北圓通嶺下，明·萬曆年間僧眞靜建後即開《法華經》法會期。眾人乏水，持咒，求之，岩下雙泉湧出，因名雙泉庵。二〇〇四年整修開放。

大乘庵

小庵不肯去觀音
千佛金樓藏玉人
滾滾紅塵誰脫俗
風枝清骨一家尊

今人　徐郎〈從紫竹林到大乘庵〉

「臥佛殿」裡　佛祖涅槃像
寂滅一切煩惱
圓滿一切功德

「千佛殿」裡　千佛像
「千說千談不離超生脫死
佛經佛法無非轉悟開迷」（註）
說透人間生死　佛道迷津

註：千佛殿楹聯。庵在象王峰東麓玉堂街中段左側，佛相涅槃像是普陀山最大佛像。

紹興采風

東湖

以是山陰道上
如來西子湖頭
　　東湖稷廬牌坊對聯

其一

人工竟似成天意
此是大斧劈留法
剪取鑑湖一曲水
鏡水四時清
飛來蓬島峰
登峰猶見仙家煙

烏蓬船一棹　微波清澹
欸乃一聲合鳥鳴
瀛海三山圖中游
天下第一大山水盆景

註：東湖位於紹興市東六公里的若簣（繞門）山麓，與杭州西湖、嘉興南湖合稱「浙東三湖」。原是一座青石山，秦始皇東巡至越，曾在此駐駕息飲，供草牧馬。漢代起在此採石，終鑿成千姿萬態，有峭壁懸崖、洞窟深塘。清末紹興著名園林家、書法家、教育家陶浚宣（一八四六至一九一二）從光緒二十二年（一八九六）起，歷時三年，拓域圍堤，仿〈桃花源記〉中意境，成此著名園林湖景。

其二

湖中有洞　一湖三洞
洞中藏洞又藏湖
湖洞相連又隱泉

「仙桃洞」　桃形石門出水面
洞壁一洞似仙桃　靜水見活潑
「洞五百尺不見底
桃三千年一開花」(註一)
「喇叭洞」　洞虛生嵐光
空谷傳音洞　聲遠傳洞外橋上(註二)
「陶公洞」　外看似一線天
「坐井觀空　勿謂湖小　天在其中」(註三)

註一：清·陶浚宣楹聯句。
註二：喇叭洞上大下小，洞壁能回音。
註三：現代·郭沫若詩句。

沈園

四十年中心骨痛
白頭苦作鴛鴦夢
清　蔣士銓〈沈氏園吊放翁〉

〈釵頭鳳〉成了千古絕唱
錯錯錯　莫莫莫　難難難　瞞瞞瞞
沈園成了千古名園
陸游和唐琬的沈園

「葫蘆池」依然舊觀
陸游　唐琬相見處
千古傷心是此處
一池綠水無波

入口「斷雲」大石
中間斷開　依然不離開

大禹陵

削平水土窮滄海
畚鍤東南盡會稽
唐 李紳〈禹廟〉

大禹像總是立像
總是站立洪滔中
山頂大禹立像
手執木耜 足踏風巨舟
面向中原 頂天立地

林壑深秀 岩壁千仞
古槐蟠鬱 松竹交翠
禹祠 禹廟 窆石 禹穴碑 岣嶁碑
地存禹迹成勝迹
上會稽 祭大禹 綿延四千多年
禹德澤被萬世

蘭亭

文人共趣清猶水
賢者風期靜若蘭
蘭亭入口處楹聯

大觀

人如兩晉原清絕
暢敘幽情亦靜便
清 朱彝尊〈游蘭亭〉

林木擁翠 修篁夾道
儼然當年
「崇山峻嶺 茂林修竹」的風光
豁承溪瀑 曲水清影
彷佛昔年
「清流激湍 映帶左右」的景緻

和風清氣帶蘭氣
墨華有聲　墨痕有情
翰墨飛舞龍鳳舞
煙霏遍地花影

墨香酒香蘭花香
三香香絕古今
逸興遄飛古今同
當下好景　「信可樂也」

註：蘭亭地處紹興西南約十餘公里的蘭渚山下。最早是越王勾踐種蘭花處，漢代在此設驛亭故稱「蘭亭」。晉宋年間已數次遷移，確切地址說法不一。從《水經注·浙江水注》中，可知蘭亭原在湖中。現今蘭亭係康熙時期在明嘉靖舊址上重建。又「」中句，係引自東晉·王羲之〈蘭亭集序〉。

碑亭

化毫端已無心機
胸次不使俗塵生
　蘭亭入口處楹聯

「鵝字碑」—「父子碑」
「鵝」字瘦　「池」字渾厚
羲之　獻之父子合璧　千古佳話
「蘭亭碑」—「君民碑」
康熙御筆　骨肉豐腴　氣息古穆
遊人撫摸稍磨平
「御碑亭」—「祖孫碑」
康熙書風　秀美華貴
乾隆書迹　瀟灑飄逸
二代皇帝　手書表裡
摩抄碑文師法出
墨林氤氳彩煙生

曲水流觴處

曲水繞華筵　蘭亭雨露添新色
流觴成雅集　翠竹蕭疏憶古人
　流觴角板對聯

曲水疊石　犬牙交錯
修禊事迹　永和勝事（註一）
江左名士風流　一觴一詠
隨意率真　曠達自適
列坐流觴　笑傲林泉間
放浪形骸　寄迹天地
「清風古人　流水今日」（註二）
流觴亭中流觴圖

註一：「修禊」，古代習俗，農曆三月上巳日在水邊祓除不祥。後沿變成河邊宴飲。
註二：今人．費新我詩句。

王右軍祠

先生逸筆「氣象超然
不與法縛　不求法脱
一一從自己胸襟流出」（註一）
盡得翰墨風流

祠前竹蔭滿地
祠內四面環水
墨華亭中　蘭氣當風
亭下添新墨（註二）

註一：南宋．朱熹《晦庵論書》中論王羲之語（王羲之曾任會稽內史及右軍將軍，世稱王右軍。）
註二：蘭亭是歷代書法家朝聖地，每逢三月初三，皆在蘭亭懷古續勝，舉行蘭亭書會。

柯巖

對石朝洞朝壁朝岩韻　石石皆景
面潭望月望雨望竹影　潭潭有情
　柯巖八角醉石亭柱聯

雲骨巖

矗矗多羅幢　百尺裁青蓮
又若真掛龍　轉側鱗鬐旋
　清　蔣士銓〈游柯山〉

一柱煙霞　爐柱晴煙
不倚不偏　裊裊升空雲出岫
巔若戴笠　足如立錐
像石香爐　像寶塔倒置
巖頂蒼翠古柏
老枝橫斜　已逾千年

「石魂」「絕勝」「天下第一石」
米芾見雲骨而「癲狂」
守數日乃去

註：柯巖始於三國、山水俱佳。雲骨又稱爐柱，是隋唐以來采石而成的一大奇觀。巖高三十餘公尺，下削上揚，最薄處不足一公尺。在雲骨巖二十公尺高處上有「雲骨」二隸書大字，並銘文，後有題記曰：「太初孕，赤烏闢。削峻鑱阜，磐石竭。不受秦鞭，足當米笏。蹺嶐指翠微，煙熅霞原隰。毋論山之精，氣之核，吾直字之以雲骨。」落款為清光緒二年（一八七六）所刻，瘦生銘，梅書。

天工大佛

岑樓嵌虛空　石佛龕其間
現此丈六身　斧鑿誰雕鐫
清　蔣士銓〈游柯山〉

石彌勒佛擎天卓立大巖中
孤巖孤矗近三十公尺
大佛耳內可容一人來往

柱礎　石級　佛身　華蓋　香爐
一石削成　一氣呵成
隋代石匠發願　歷三代始鑿成

註：大佛雕工嫻熟，線條流暢，薄唇微笑，造型敦厚。東晉永和年間曾建寺覆石佛。石佛周圍有石潭石洞，石柱石壁等古代採石場遺迹，石景奇譎。

古鑒湖

錢塘豔若花　山陰芊如草
六朝以上人　不聞西湖好
明　袁宏道

游湖「如在鏡中遊」(註一)
相傳黃帝曾在此鑄鏡
一彎畫橋　紅蓼連菰蒲
相傳陸游曾在釣魚橋垂釣

滿湖空明　日華復月華
何處不是圖畫
「稽山鏡水」「分明畫相似」(註二)
無需費心　到處買圖畫

註一：東晉·王羲之詩句。
註二：南宋·陸游詩句　。

古纤道

鏡中有竹樹　人地總神仙
白玉長堤路　烏蓬小畫船
現代　齊召南〈山陰〉

白玉長堤古纤道
既是路　又是橋
既有變化　又有美感
江南水鄉的一大奇觀
兩面臨水　破水而築
互相間隔　互相銜接
蜿蜒而來　逶迤而去
水上凌波的巨龍
拱橋　樑橋　高低錯落
埠船進拱橋
烏蓬船進樑橋
龍首朝天　翻騰水面
功能多樣的分流
千年魅力不減
徜徉其上　且仔細領略
紹興獨有的景緻

註：古纤道爲路和橋組合的道路，是古人行舟背纤的道路和船隻避風浪的屏障。分爲一面臨水；一面依岸和兩面臨水；破水而築兩大類。又可分爲實體纤道路和石墩纤道橋兩種。石纤道每隔二三公尺設一石墩，墩用條石以「一丁一順」法壘砌。墩與墩之間用三根石樑並列欄架構成路面，通寬在一點五公尺左右。

青藤書屋

一池金玉如如化
滿眼青黃色色真

青藤書屋楹聯

其一

幾間東倒西歪屋
一個南腔北調人

明 徐渭

入門幽靜小竹園
假山一座
山墻嵌先生手書「自在岩」
單披平房 前後二間
木格花窗 青磚鋪地

前室窗外小天井
西首栽青藤一株
本枝蟠曲 大如虬松
鬱鬱蔥蔥 盤旋而上
先生愛慕青藤生長岩中
終歲蔥綠 倔強孤傲
自號「青藤道士」

小天井中還有小池
先生稱「此池通泉 深不可測
水旱不涸 若有神異」
自號「天池山人」
「天池」當中方形石柱
先生手書「砥柱中流」

「越中十子」之一的徐渭
出生和讀書的舊址

其二

半生落魄已成翁
獨立書齋嘯晚風
筆底明珠無處賣
閒拋閒擲野藤中
明　徐渭〈墨葡萄圖〉

先生生性耿介　剛正不阿
富豪權貴來訪
先生輒手抵院門大呼
徐渭不在

先生言行詼諧多智
佚聞遺事頗富傳奇色彩
紹興民間傳誦最多
婦孺皆知的歷史名人

先生赴試八次不中
白衣秀才終生
一生坎坷困頓　終不得志
晚年更甚
〈賣貂〉〈賣磬〉〈賣畫〉〈賣書〉(註一)
極窮困潦倒
僅剩手書「一塵不到」匾(註二)

「有明一代才人」
英雄失路　託足無門
貧病而逝
草草埋葬無墓冢

註一：《徐文長文集》中詩作名稱。
註二：匾額現懸書屋前室。
書屋位於紹興市前觀巷大乘弄十號。

其三

青藤雪箇（朱耷）遠凡胎
缶老（吳昌碩）衰年有別才
我欲九原為走狗
三家門下轉輪來
現代　齊白石

先生自稱「吾書第一詩二文三畫四」
其實先生畫作評價最高
縱橫塗抹　洛肆狂放
注重寫意　大膽創新
鄭板橋曾刻章「青藤門下走狗」
蓋在自己畫上
表示對先生的崇敬和仰慕
先生書法　尤精行草
既剛健蒼勁
又嫵媚流暢
先生詩文　反映現實
亦擅雜劇
「一掃近代蕪穢之習」（註一）
先生是曠世奇才
藝術才華
「光芒夜半驚鬼神」（註二）

註一：明·袁宏道對徐渭的贊嘆語。
註二：同前註
徐渭（一五二一－一五九三），浙江山陰人，字文長，明代傑出書畫家，文學家。

諸暨西施故里

西施越溪女
出自苧羅山
唐　李白〈西施〉

西施殿

越錦何須衣義士
黃金只合鑄嬌姿
明　張夬

今朝殿中
重識國色天香
儼雅容儀

碧山秀水
釀就此麗質仙姝
玉顏花容
妝成此絕代佳人
殿中猶誇俠骨奇香
身在吳國　心在越國
忍辱負重　以身許國
俯仰千秋人物
英雄何氣短　美女可救國
幾個紅粉報國不居功
一棹只逐湖煙
古今應許第一人

註：至遲在唐代；浣紗江畔即建有西施殿。明代規模頗可觀，此後屢興屢廢，後毀於日寇炮火，一九八六年舊址上新建。

浣紗石

西施越溪女　明豔光雲海
未入吳王宮殿時
浣紗古石今猶在

唐　李白〈送祝八之江東賦得浣紗石〉

兩字昭然白石上
摩崖石刻相傳王右軍書(註一)
石上一代佳人曾曬紗
清波曾映無雙影
吳王何事堪亡國(註二)
何關後宮有西施
西施若真滅吳國
越國又是誰所滅

水湧浣江　似有不平鳴
石上青苔思煞人
誰又寫當年
一代嬌娃一寸誠心

註一：浣紗石是苧羅山延伸到浣江水面的摩崖，是苧蘿山的一部份，後因築路石與山始分開。明·王思任〈游苧蘿記〉云：「須臾，至苧蘿山。石壁數十尺，題『浣紗』二字，斗許大，筆勢飛騫，位置安善，云是右軍筆。」他似乎有點疑問，但所見「字傍」的「右」字未滅。又右軍墓在苧蘿山，則此石乃王羲之熟游之地，理或有之。

註二：唐·崔道融〈西施灘〉：「宰嚭亡吳國，西施陷惡名。」北宋·王安石〈嘲吳王〉：「但願吳王誅宰嚭，不愁宮裡有西施。」宰嚭即吳國大臣伯嚭，他受越國賄賂，屢進讒言，潛殺伍子胥。

荷花神女

鏡湖三百里
菡萏發荷衣
五月西施采
人看隘茗耶
唐　李白

荷花叢裡長大的美女
西施鏡湖採蓮
有沉魚的傳說（註）

西施為農家女
浣紗溪畔鬻薪清嫻淑女
綠漪碧玉　灼灼其華
笑靨秀目　皓齒丹唇
窈窕體態賽荷花

荷花原是百姓身邊
常見的花
西施是民間神祇的
六月荷花花神
順理成章

荷仙流香千古

註：《吳越春秋》云：西施常到耶（浣）溪浣紗，到鏡湖採荷（古人視蓮、荷爲同一物）；每當她臨水浣紗或採蓮時，清澈的水面映照倩影，游魚止息，沉到水底，故有以「沉魚」比擬西施無比的麗質。又西施殿大殿正中；西施塑像上方，有上海著名女書法家周慧珺所書寫的「荷花神女」匾額。西施故里景區內；亦有「荷花池」布置其間。

杭州西湖

于謙祠・墓

江山也要偉人扶
神化丹青即畫圖
賴有岳于雙少保
人間始覺重西湖

清　袁枚〈絕句〉

其一

獨定千秋業
偏留萬古悲

明　沈祖孝〈于忠肅墓〉

先生有〈兩袖清風詩〉
「清風兩袖朝天公
免得閭閻話短長」
為官十九年
「兩袖清風昭萬世」(註)
「于青天」「包青天」

「不讀先生傳　誰知社稷危」
先生臨危受命
提出「社稷為重君為輕」
挽狂瀾於既倒
扶大明光日月
北京保衛戰　名揚青史
百世式忠　民族英雄

註：明・沈祖孝〈于忠肅〉詩中句。

其二

賴社稷之靈國已有君自分一腔拋熱血
竭股肱之力繼之以死獨留清白在人間

明　董其昌

「奪門之變」　英宗復辟
上皇終不悅
以「雖無顯跡　其意欲則有」的
「意欲」定先生「謀逆」
「意欲豈殊三字獄
英雄遺恨總相同」（註）
忠臣傑士　一代功勛
帝王奪權的犧牲品
丹心抗命　百世一人
熱血千秋　萬古流芳

先生已留清白在人間

註：清・孟良揆詩句。「三字獄」指岳飛以「莫須有」被冤死。

于謙（一三九八—一四五七）浙江錢塘（今杭州）人。字廷益，號節庵，明永樂進士。宣德初授御史，出任江西巡按。永樂五年（一四〇七），以兵部右侍郎巡撫河南、山西前後達十九年，昭雪冤獄，救濟災民，治理黃河，減輕徭役，政績卓著。正統十三年（一四四八），入京爲兵部左侍郎。正統十四年蒙古族瓦剌軍入侵，「土木堡之變」；明英宗被俘，于謙升兵部尚書，擁立郕王，力阻南遷，親自指揮數十萬軍民擊退瓦刺。天順元年（一四五七），英宗發動「奪門之變」，奪回帝位，他以「謀逆」罪被害。

其三

山川不改仗英雄
浩氣能排岱麓松
岳少保同于少保
南高峰對北高峯

明　黃周星〈西湖竹枝〉

兩朝冤少保
「公論久而後定」(註一)
謚號忠肅
崇祠立碑旌功
不嫌遲乎
碧血忠骨埋三台山麓
鄰近花港觀魚
哭英雄有處矣
墓前合掌低頭與心齊

請問來此者
何所來　欲圖何願
遵循先生所經歷
何求不應
清風四面吹拂
明月四時照耀
松柏四處蒼鬱
祠殿新修　墓道新葺
「血不曾冷　風孰與高」(註二)
先生與岳武穆　張蒼水
並稱西湖三傑

註一：弘治三年（一四八九）明孝宗追贈于謙爲光祿大夫、柱國、太傅、謚肅愍。萬曆年間改謚「忠肅」。
註二：于謙祠楹聯，作者佚名。

張蒼水祠・墓

君不見西冷橋畔岳武穆
八盤嶺下于忠肅
一片孤忠兩地同
與公鼎峙成三足

現代　吳鼎元〈謁張忠烈公墓〉

其一

漸將赤手分三席
敢為丹心借一枚

明　張煌言

南宋有文天祥
南明有張蒼水
先生二十六歲投筆抗清轉戰十九年
勁節孤忠至今猶潸遊人淚
先生萬古忠心不愧文天祥
心儀岳武穆　于忠肅
「日月雙懸于氏墓
乾坤半壁岳家祠」
作七律以明志

註：張煌言（一六二〇—一六六四）字玄著，號蒼水，浙江鄞縣（今寧波）人。南明弘光元年起兵抗清，奉魯王監國，據守浙東山地和沿海一帶。永曆十一年（一六五七）率軍自吳淞入江，逼鎮江，登金山，遙祭明太祖陵。十三年與鄭成功會師入長江，破瓜洲攻南京，分兵進至蕪湖，攻下四府、三洲、二十四縣。兵敗後，仍於東南沿海堅持抗清。至康熙二年（一六六三）見大勢已去，遂於次年解散餘部，隱居南田花嶴島，後被叛徒出賣被俘，清廷一再勸降，終不爲所動而殉難。

其二

夢裡相逢西子湖
誰知夢醒卻模糊
明　張煌言〈憶西湖〉

「大廈已不支
成仁萬事畢」(註一)
先生慷慨就刃於
杭州弼教坊

忠骨埋南屏山麓
遙對棲霞山麓岳武穆墓
毗鄰三台山麓于忠肅墓

「骨爭湖水潔
魂共暮雲還」(註二)
爭得一片乾淨莊嚴土

三義士長相左右(註三)
先生有伴矣

先生臨刑前
端坐從容嘆讚　「大好山色」
山靈有知
當一掬清淚

註一：明·張煌言絕筆詩中句。

註二：清·李善蘭〈題張蒼水先生畫像〉詩中句。

註三：張蒼水先生墓西側爲羅子木墓、東側爲楊冠玉、舟子堂墓。彼三人與張煌言同時被捕殉難。
清·全祖望曾撰寫〈明故權兵部尚書兼翰林院學士鄞張公神道碑銘〉。
清·乾隆年間追謚張煌言，號稱「忠烈」。

章太炎紀念館・墓

革命仰先驅豈獨文章稱巨子
湖山添勝景長留楷範勵來人
紀念館楹聯

一片松柏桂樹掩映中
一座白墻黑瓦紅檐的
仿清園林建築

大師是有學問的革命家
「維新真學問　革命大文章」(註一)
大師仰慕張蒼水先生的忠烈
曾云：「生不同辰　死當鄰穴」
大師此願已足

墓前石碑　篆書「章太炎之墓」
大師當年遭袁世凱
軟禁北京時自題寫(註二)
氣節和風采　值得喝彩

註一：章太炎紀念館楹聯。
章炳麟（一八六九—一九三六），近代民主革命家、思想家、著名文學、歷史學、語言學家。初名學乘，字枚叔，後改名絳。因傾慕明末黃宗羲（字太沖）、顧炎武，自號「太炎」。其墓位於「蘇堤春曉」南隅，張蒼水墓東面。紀念館內陳列大師一生的事誼，著述和收藏的文物。

註二：民國二年（一九一三）袁世凱唆使刺殺宋教仁，章炳麟參加討袁，曾以大勛章爲扇墜，臨袁世凱家門前大罵，被軟禁三年，袁氏死後始獲釋放。

石屋洞

何年一片雲　墮地結為屋
石户豁谽谺　疑是鬼神鑿
清　徐廷錫〈題石屋洞〉

寬敞軒朗如屋
有穴上寬下窄　「滄海浮螺」
有小洞「乾坤洞」
南宋皇帝趙構躲金兵藏身處

古洞隱春秋
佛像漶漫苔痕綠
桂花廳前水木湛清華
桂樹連雲　桂魂流光
金粟玉屑　金雪世界
「天香雲外飄」（註）

東坡先生曾來游
洞壁留一方題名刻石
南山第一洞天

註：唐·宋之問詩句。
石屋洞位於「滿覺隴」入口。「滿隴桂雨」位於煙霞嶺上，是杭州金秋賞桂花勝地。洞旁吳越時建有大仁寺，洞內舊有羅漢、天王、飛天等佛教石雕刻像。洞後有一穴，狀似海螺。洞口兩側各有一小洞，曰：「青龍洞」、曰：「乾坤洞」。洞前庭院遍植桂花。洞左有新建的「桂花廳」，洞右有古雅奢華的「和茶館」。

水樂洞

路向峰腰轉　泉從洞口來
決渠飛瀑布　伐石作崔嵬
南宋　王炎〈水樂洞〉

山泉長湧不竭
洗滌頸襟　清影「留照」
清音悅耳不絕
「天然琴聲」聽「無弦琴」
鐘乳石如「水結龍背」
「三節蓮藕」
「倒掛香菌」
「石吐龍涎」
「空中石鼓」　叮咚作響
「水樂」復有「石樂」

洞口桂花密如雨珠
淋「雨」披香　香滿空山
恍入靈鷲勝地

註：從石屋洞沿滿覺隴山道，西行一公里許即水樂洞。爲西湖諸洞景中最稱奇特的喀斯特岩洞，北宋時（一〇六四）已開發。洞景幽深長六十多公尺，有流水聲如琴音，復多象形鐘乳石。石屋洞和水樂洞之間，是西湖新十景中題爲「滿隴桂雨」的景區，自明代開始即爲杭州桂花最盛處，現此一帶共種植桂花樹七仟多株，樹齡長的達二佰多年。
又「　」係洞壁前人題刻字句。

煙霞洞

古洞鴉路深　杳渺不知處
忽見煙雲來　疑從此中去
明　李應禎〈煙霞洞〉

煙霞此地多
「石榻細蒸雲　靈岩五色文」(註一)
造像此洞古
宋代的半圓雕觀音　勢至立像
靜穆精美　藝術寶像
五代的十六羅漢坐像
自然生動　各具面目

洞外岩景鬪秀
如象鼻　如佛手
洞旁茶室　幽僻靜謐
西湖茶室之最

歷史名人此處留史話(註二)
古木環青參天
嵐翠煙浮青天
登高呼嘯　遠吸湖光
請君隨意品霞擷秀

註一：明．張時徹〈煙霞洞〉詩中句。
煙霞洞位於水樂洞後山五百公尺處。洞深二十多公尺，後晉開運年間即已發現。從洞口看洞壁頂部，大大小小的石鐘乳在陽光的斜照下閃爍著五色異彩，宛如一片蒸騰瀰漫的煙霞。

註二：一九三六年底　蔣公和周恩來曾在洞旁煙霞寺（現闢爲茶室）達成國共一致抗日的協議。茶室前有徑，徑中多亭、軒、閣，可躋登南高峰峰頂。

桐廬嚴子陵釣台

先生何許人羲皇以上
醉翁不在酒山水之間
碑林詩句

其一

瀧中亂峰高插天
瀧中急水折復旋
隴中竹樹青如煙
清　查慎行

江水清綠如染
群峰翠綠如屏
水回幾訝前無路
山開又見一重天

釣台疊嶂陡起江湄
茂林重巒掩映的
兩座巍峨聳峙的
碧青突兀石柱台
子陵先生選此
「奇山異水　天下獨絕」處（註）
耕釣隱居

註：南北朝·吳均〈與宋元思書〉中句。
　釣台在浙江桐廬縣七里瀧附近的富春山上，面臨富春江，有小三峽之稱。
　嚴光，字子陵，浙江餘姚人，與東漢光武帝劉秀同窗。光武帝即位，嚴光堅辭不仕，攜妻回富春山隱居，耕田垂釣，終老林泉。

其二

何處是漢家高士
此間有天子故人
嚴先生祠堂楹聯

先生歸隱　光武尊隱
其中妙諦〈嚴先生祠堂記〉中曲折道盡
無嚴光　無以彰光武之大度
無光武　無以遂先生之高志

萬事無心一釣竿
先生博得生前生後名
「古之大有為之君　必有不召之臣
朕何敢臣子陵哉」(註)
光武情辭懇切　古今稱賢

註：引自東漢光武帝〈與子陵書〉。

其三

登釣台而望神怡心曠
想先生之風山高水長
石亭柱聯

石亭石碑新建新塑(註一)
「石作鐵色　風致岸然
草木亦作嚴冷狀」(註二)
當年先生此處生活
幾近原始的生活

隱士隱身如烈婦守節
隱士要能心如止水如修行
隱身容易隱心難

註一：東台原有碑碣亭台均毀於文革。
註二：清．鄭日奎〈遊釣台記〉中句。

其四

遂令後代登壇者
第一思量怕立功
　　前人　佚名

「嚴陵不從萬乘遊
歸臥空山釣碧流」(註一)
先生隱身隱心　應是深契
「不受當時之責
永保性命之期」的(註二)
明哲保身的自我設計

史上少見的
不殺功臣的光武帝
依然廢髮妻　黜太子(註三)
削官收印　嚴懲馬援(註四)

先生漁樵終生
徹底擺脫王權羈縻
應是深得「伴君如伴虎」的
個中三昧

註一：唐．李白詩

註二：仲長統語。

註三：明．方孝孺〈題嚴子陵〉詩：「敬賢當遠色，治國須齊家。如何廢郭后，寵此陰麗華？糟糠之妻尚如此，貧賤之交奚足倚！羊裘老子早見幾，獨向桐江釣煙水。」此詩明明是批評光武帝的，卻偏偏標爲〈題嚴子陵〉，應是窺見子陵先生的深心。

註四：馬援因從交趾載回一車薏苡粒，被誣爲珍寶，光武震怒，馬援時已死，其妻孥驚恐萬狀，連棺材都不敢歸葬祖墳。誠爲千古有名的一大冤案。

其五

巨艦只緣因利往
扁舟亦是為名來
往來有愧先生德
特地深宵過釣台
　　南宋　李清照〈夜發嚴灘〉

碑廊宛如游龍
碑石密如龍鱗
風竹蕭騷　詩文千古
碑上題詩　言猶未盡
多少名利追逐客
先生冷眼看盡

註：歷代遨訪釣台者，留下達二仟餘篇的詩詞文賦。景區內現建有富春江詩文碑園（江南一絕、江南第一碑林），道旁並塑李白、孟浩然等二十一位文學巨擘立像。

其六

先生是有激於垢俗疵物而將以矯世者
　　清　陳日浴《續高士傳》

「當時盡著羊裘去
誰向雲台畫裡看」（註一）
「當時若著蓑衣去
煙水茫茫何處尋」（註二）
其實何必反詰先生
先生豈是為名釣

垂綸江上　波上一絲清風
先生使得漢家天子
評價和身價　超過九鼎

註一：元·貢師泰詩中句。
註二：作者佚名。

其七

殘年哭知己　白日下荒臺
淚落吳江水　隨潮到海回
南宋　謝翱〈西臺哭所思〉

西台石亭仍是舊物
台上傲睨巉岩　俯瞰江景
天山共色　更加軒邈

謝翱在此用竹如意擊石
唱楚歌為文天祥招魂（註）
寫〈登西台慟哭記〉
隱秘委曲的心曲
泣血吞聲的激憤
感天動地的哀慟
椎心刺骨　深情如斯
裂肺摧肝　天崩地坼

註：歌詞云：「魂朝往兮何極，暮來歸兮關水黑，化爲朱鳥兮，有咮焉食？」

謝翱，南宋處士，愛國志士。率先響應文天祥發兵勤王，與文天祥情誼深厚。文天祥就義後，謝翱悲痛至極，終生引爲最大恨事。每逢文天祥忌辰，都要痛哭野祭，寄托哀思。曾登西台哭奠，寫下悲壯的〈登西台慟哭記〉，文中不提文天祥而舉唐代大書法家顏眞卿（安史之亂中不受誘脅，被叛軍縊殺），實因規避元人耳目，只得託以古人。明．顧炎武深解其意，在其《日知錄》中云：「謝翱〈西台慟哭記〉本當云文信公，而謬云魯顏公：本當云季宋，而云季漢。」東台與西台毗鄰，中隔一道塹壑。清．錢牧齋《釣台匯集》序中云：「何地不可痛哭，而必於西台？以謂子陵之於西京，信國之於南渡，其志其節，有曠世而相感者也。」

謝翱四十七歲病死杭州，歸葬與嚴子陵釣台隔江相望的白雲村。

建德大慈岩

其一

煙雲萬壑來天地
霧靄千峰壯古今
大慈岩對聯

五峰如指　弓屈成一拳
四面玲瓏　白雲時繚繞
石階千級　盤旋而上
廟觀　棧道　橋樑　纜車
處處體現一個「懸」字
足底懸崖恐欲崩
有驚無險　奇特形勝

註：岩位於浙江建德縣城南二十七公里處，山形詭奇，開山於元代大德年間。

其二

大慈岩巔大慈寺
宛如民屋　內有石筍湧出
地藏王大殿　因岩勢而佈局
半嵌岩腹　半凌空絕壁
地藏王像半身隱岩中
長廊相接　石欄相續
慈岩懸樓　懸空取勝
寺與山峰渾為一體
江南懸空寺

註：《壽昌縣志》云：「元大德年間（一二九七—一三〇七）臨安人莫子淵循夢意棄家居此，琢石爲佛，號曰大慈。山以寺名，寺以佛名。」爲建德新安十景之一。

其三

疊石盤山借得鐘鼓供香燭
登壇舉袂招來眾生上青天
　　九霄雲路對聯

山崖絕壁上的岩洞草木
自然造型形成的石佛五官
山是一尊佛　佛是一座山
中華第一天然立佛
登天壇上的雙面彌陀大佛
福相無盡面面歡喜相
大慈岩　浙西小九華

註：天然立佛高一四七公尺，肩寬六十公尺，腹部凸出。彌陀大佛高六公尺，寬八公尺。

其四

翠壑丹崖千丈畫
白雲紅葉一溪詩
　　大慈岩對聯

銀杏古齡　谷徑通幽境
一溪清淺　亦喧亦靜
一亭青煙　亦隱亦現
峰迴出樵路　泉聲生夢思
一脈清氣彌四野
一時心中無事
只聞溪聲　只見溪鳥
只循溪走　只數溪石
一溪寬如天
一派野趣升胸臆

註：「長谷溪流」大慈岩著名的自然田野景區。

龍遊石窟

千年盡露波濤色
萬古猶存斧鑿痕
南宋　張正道〈翠光岩〉

其一

石窟總數
還是未知數
洞壁石刻
含義還未知
又是如何采光的
魚去了何處
半公尺精準壁距
怎麼測量的
又是為什麼
台階跨距那麼大

既無史籍記載
又無相關傳聞
謎團百結的
成因　用途　斷代
都難以自圓其說的
一處世界上最大的
古代地下人工建築群
世界第九大奇迹

註：石窟位於浙江龍遊縣地北三公里衢江北岸，鳳凰山石岩背村。介於北緯28°44'—29°17'間。一九九二年由四位村民抽乾潭水，陸續發掘，目前開放五處供遊覽。和安徽屯溪「花山謎窟」頗多雷同，惟龍遊石窟群面積更大。

其二

巨大的魚尾狀石柱
契刻的閃電狀線條
何人所鑿
鑿於何時
為何開鑿

為了採石嗎
石料到那裡去了
為何要在此處的地下開採

地下倉庫嗎
古代吳越國的地下冰室嗎
三國時代的糧倉嗎
戰備基地嗎
春秋越國借姑蔑國設置的（註）
秘密整軍的地方嗎
還是皇宮建築　帝王陵寢
　道家福地　伏龍治水
或者竟是
外星人留在地球上的遺迹

撲朔迷離　有朝一日
水落石出　真相大白
會改寫古代南方的
文明歷史

註：姑蔑（姑末、姑妹）國建於春秋時代，何時無考。爲周天子所封的子爵諸侯國，位於越國西陲。其王都位於今浙江龍遊縣地。據《左傳·哀公十三年》記：姑蔑國軍隊曾隨越伐吳。

千島湖掠影

西子三千個
群山已失高
峰巒成島嶼
平地卷波濤
現代 郭沫若

大觀

水綠 水秀 水美
水清 水淨 水甜（註）
天下第一秀水

島綠 樹綠 湖綠
石奇 池古 徑幽
魚躍 鳥舞 猴靈

三千西子聚一湖

山環水繞
島是水上綠雲
水天相映
雲是天上綠島
神態仙姿
難分天上與人間

歐洲有藍色多瑙河
亞洲有綠色千島湖

註：「農夫山泉有點甜」是千島湖礦泉水的廣告詞。
千島湖計有島嶼一〇七八座，是杭州西湖的三一八四倍。

好運島

湖門第一島
環水依山山襯水
如此「山水畫廊」
能不「好運當頭」

「山禪問佛」
佛說　幸福沒有極限
　　追求就無終止

長雲逐浪浪追雲
運氣好壞皆隨緣
「投運淨塵」　休自空寂

註：「　」中係島上景點名稱。

五龍島

與鳥交心　與魚對話
狀元橋上走一走　誰不中狀元
真趣園中玩一玩　誰能不天真
奇石是藝術　誰能不稱奇

測試能見度十五公尺以上的湖水
鑒賞綠琉璃般的湖水

五龍盤旋　金鎖琳琅
智慧大鑰匙正在開啓
一城山色半城湖　美景當前
誰不燦然開懷

註：五龍島由鎖島、鳥島、眞趣園、奇石島、無名島組成。島嶼間由狀元橋、魚樂橋、好運橋連爲一體。

龍山島

一祠一塘一書院
海瑞朱熹三縣魁
近代 佚名

石峽書院

廣宇螢香承偉業
蟾宮折桂展宏圖
石峽書院楹聯

島如蒼龍戲水上
書院活龍山

石峽文明第
一縣三魁（註一）
紫氣騰騰 先賢遺範
昭示後人 青雲步步

淳安文獻邦
「繼往開來天傳日月家傳寶
重今厚古地有山河國有材」（註二）

註一：一縣指淳安縣。三魁指狀元方逢辰（南宋年間淳安縣籍人，號蛟峯，曾在山南麓結廬講學，龍山島即為紀念他而命名）、二名榜眼黃蛻、三名探花何夢桂。

註二：石峽書院學堂楹聯。從千島湖鎮乘船前往龍山島的水域下為淳安老城－賀城遺址。原龍山在城北，今日龍山在新淳安縣城西南。石峽書院二〇〇一年新建，修舊如舊，保持原貌，由一廳一堂、一祠（先賢祠）、兩齋（復禮齋、居人齋）組成。為徽派建築風格。

海瑞祠

均賦稅除陋規平冤獄
四載辛苦小邑山高銘德政
恤黎民抗權貴諫帝王
一生剛直大江水湧頌清官
思賢院楹聯

其一

遺像豐碑清風不竭千山破浪盡剛峰
祠堂縣署對宇依然一湖照世開明鏡
門樓柱聯

廳堂除了碑廊　楹聯
沒有其他佈置
如此方能現示
先生一身文章　兩袖清風

先生一生剛直勵冰霜
犯顏直諫明世宗
「家貧清吏在」(註一)
先生歿後　家裡只有
葛布幃帳　破舊竹器
「我知公道在人心
不委民者民所悦」(註二)
先生真是愛民如子
先生「光照日月」
忠言史冊傳
丹心鐵骨垂後世

註一：引自海瑞詩作。
註二：郭沫若先生對海瑞的贊頌語。

其二

憂世匡時　剛烈肝膽昭日月
依山傍水　巍峨祠宇壯湖天
去思碑柱聯

清風砌水濱
先生「高風」傳天下
一湖清可鑒
先生「亮節」照人間

庭院園林小品
鼎式石香爐　古色古香
新祠古貌　花木扶疏
臘梅　紫竹　羅漢松
朝暉　夕照　日月光
同沐　清官千古清輝

梅峰觀島

其一

金龜背負一青松
雪壓水沁她從容
碧湖連天間山色
縱覽千島在梅峰
前人　佚名

龜形小島
烏龜回首盼梅峰
島上芳芳草萋萋
島中央　青松一株
翠冠如傘　虬枝如龍
年年淹水　水退又生
千島湖一絕
金龜　青松　長壽象徵

其二

鏡湖心中藍　梅峰秋裡秀
橘林競顏色　疑是仙境遊
現代　傅翀〈秋入千島湖〉

碧水如天　翠島如雲
錦山秀水　百灣迷宮
像一群蜂蝶在戲梅
一把翡翠撒在湖上
一隻龐然巨獸在水中徜徉
像一粒粒璀璨的璣珠
擺在碧玉盤中
一朵朵綠色花朵
飄在水中蕩漾
不到梅峰不知島

其三

大大小小的島
高聳如屏的島
散落如珠的島
小島環繞大島
環拱似星月
似分割實又相通的錯落美
鬱鬱蒼蒼的森林
近處綠如綢　遠處綠如煙
一層又一層
層次分明的綠色美
島岸線　港灣線　庫岸線
金黃色的束束曲線美
千島湖美的很特殊

神龍島

蛇抱兔愛愈久人愈富
龜共龍心益動壽更久
蛇島楹聯

蛇爬行成曲線行
島上房舍道路多呈曲線形
穿過蛇池　通過蛇室
抬腳見蛇　昂首見蛇
識蛇　防蛇　護蛇
蛇藝表演　柔和美感
神龍島是蛇的伊甸園

伏羲和女媧　人頭蛇身
一男和一女　交纏在一起
綢繆和睦的夫妻關係
蛇也是一種美好的形象

鴕鳥島

鴕鳥渾身是寶
皮是世上最名貴的皮革製品
肉是二十一世紀的健康食材
油是美容護膚的上等膏脂
羽毛是公平正義和真理的象徵（註）
蛋殼是雕刻繪畫的載體

雄鴕鳥求偶的方式很獨特
忽左忽右　時快時慢的翩翩起舞
劃出有趣的一個又一個的「8」字形

註：鴕鳥的羽毛和其他鳥類不同，其主羽軸兩側的羽翅等長。鴕鳥的羽毛不產生靜電，是精密儀器和汽車清潔刷最佳的質料。鴕鳥島充滿熱帶風情，是了解「鳥類巨人」—鴕鳥，方方面面的島。

瑤琳仙境

瑤琳仙窟得一游
今生來世無所求
唯願仙境有神筆
諸子盡興寫春秋
近代　劉平

典型的喀斯特地下大溶洞
清涼高敞　六大洞廳
鐘乳石石景
天工造化的美
燦如神話的夢中天地
似與不似的美

曲折有緻的洞勢
景色轉換的美
奇如幻境的神秘地帶
變化多端的美

靈動的地下水
水流迷濛的美
幽如雲飄的行徑
朦朧氣氛的美

有音響　有色彩
石磬　石鼓　石琴　石鐘的鏗鏘美
石壁雲霞錦綺的五彩美
聲色如此妙不可言的美

「風雷不識為雲雨
星斗何曾見曉昏」(註一)

是仙境　壺中天
　蓬萊島　桃花源　武陵村
美的「可驚可怪
　　蓋神仙游集之所也」（註二）

註一：宋·何約齋詩句。

註二：引自《乾隆縣志》。
　瑤琳仙境一名仙靈洞，在浙江省桐廬縣城西北二十餘公里的猴嶺山麓。總面積二萬八千平方公尺，主洞長約一公里，分六大洞，最大的洞廳面積達九仟平方公尺；據考古專家推斷，西周時期就可能有人進洞用火的遺燼。譽為「大陸溶洞之冠」，計有三佰多個景點。二〇〇〇年曾在此地舉行第十二屆世界溶洞會議。

作者簡介

※楊拯華　青島市人　三十五年七月三日生
※文化大學中文系畢業　政大教研所結業
※美國威斯康辛大學（麥迪遜校區）魏斯曼智能不足及人類發展中心特殊教育課程研習（民國六十八年）
※美國北科羅拉多大學特殊教育課程研習（民國八十七年）
※華岡詩社創辦人之一，藍星詩刊，曼陀羅詩社同仁，中國詩歌藝術學會會員
※六十年起擔任國立彰化仁愛實驗學校、國立台中啓聰學校，國立桃園啓智學校，導師、組長、安維秘書、主任、校長、專任教師，九十年八月一日退休

曾獲

※臺灣省六十八年度特殊優良教師
※七十年國際殘障年全國特教肢障教育優良教師
※七十五年省政府表揚研考績優人員
※七十六年省政府社會處第一屆金毅獎
※教育部七十六學年度中小學人文及社會學科教師教具創作類乙等獎
※中華民國特殊教育學會慶祝成立二十週年優良特殊教育人員獎勵

※教育部七十九學年度中小學人文及社會學科教師特殊貢獻獎
※教育部八十學年獎助特殊教育研究著作中學組甲等獎
※八十四年台灣省獎勵教育人員研究著作高中職組佳作獎
※桃園啓智協會推薦於八十八年三月二十八日接受中華民國智障者家長總會頒獎表揚
※教育部八十九年優秀教育人員獎

著作

※二十四曲橋（新詩集，五十六年立志版，六十七年新生版）
※如夢令（新詩集，六十六年楓城版）
※山水歲月（新詩集）
※桃源行（特教論述、新詩、詩論）
※詩篇一百（新詩集）
※詩寫錦繡江山（新詩集，九十六年文史哲版）
※歐美日韓肢體障礙學校機構（合著）
※腦性麻痺兒童的非口語溝通
※腦性麻痺兒童早期教學實驗計畫報告及其他（國立教育資料館編印之教育資料集刊第七輯列為特殊教育圖書肢障類代表作）

※指導特殊兒童的創意性教材（臺灣省中區七十五學年度國中教育階段特殊教育教材教具展覽優等獎）
※肢障兒童的教育性遊戲（臺灣省中區七十五學年度國中教育階段特殊教育教材教具展覽優等獎）
※適合學前期腦性麻痺兒童使用的布利斯符號及教材
※教導和使用布利斯符號溝通法—腦性麻痺兒童的溝通訓練教材（上冊、下冊）
※腦性麻痺學童個別化教育計畫暨職業復健教學手冊㈠輯
※腦性麻痺兒童個別化教學之研究（七十四學年度臺灣區高級職業學校教師及教育行政人員專題研究論文改進教材教法組優等獎及七十六學年度臺灣省學產基金獎勵）
※高職階段肢體殘障學生人格適應之探討（七十五學年度臺灣區高級職業學校教師及教育行政人員專題研究論文改進教材教法組甲等獎）
※奧妙的布利斯符號及教材（臺灣省中區七十六學年度國中教育階段特殊教育教材教具展覽特優獎）
※國字辭典部首字與布利斯符號對照及淺析（臺灣省中區七十七學年度國中教育階段特殊教育教材教具展覽特優獎）
※腦性麻痺學童自我形相和人際關係認知等學習教材
※王充教育思想研究（七十六學年度臺灣區高級職業學校教師及教育行政人員專題研究論文人文及社會類甲等獎）

※部首字暨手語語義探源（合著）
※多重障礙（腦性麻痺、中重度智能不足）者學校建築設備之研究（七十八年度臺灣區高級職業學校教師及教育行政人員專題研究論文人文及社會科學類優等獎）
※腦性麻痺學生之布利斯符號溝通法教學研究（教育部八十學年度獎助特殊教育研究著作中學組甲等獎）
※身心障礙學生教育研究論集㈠
※智能不足者職業教育論述彙編㈠輯
※腦性麻痺兒童早期教育研究（八十四年台灣省獎勵教育人員研究著作高中職組佳作獎）
※身心障礙（啓仁、啓智類）教育參考書目彙編㈠

研究報告

※中華民國特殊學校評鑑—台灣省立彰化仁愛實驗學校教育、復健工作報告（合撰）
※中華民國六十八年特殊教育教師美、加、日進修考察團肢體殘障組（腦性麻痺、多重障礙）資料目錄報告
※腦性麻痺學童教學設施報告
※資源（補救）教學方案芻議
※台灣省特殊教育學校肢體障礙、多重障礙教師七十二學年度教學參觀報告（合撰）